Dorothy Parker · *Eine starke Blondine*

1963 IN HOLLYWOOD

Dorothy Parker

EINE STARKE BLONDINE

NEW YORKER GESCHICHTEN
DEUTSCH VON
PIEKE BIERMANN

HAFFMANS VERLAG

DIE VORLIEGENDE
NEUEDITION UND -ÜBERSETZUNG FOLGT
DEN TEXTFASSUNGEN DER ORIGINALAUSGABE
THE PORTABLE DOROTHY PARKER,
ORIGINAL EDITION PUBLISHED 1944,
REVISED AND EXPANDED EDITION PUBLISHED 1973,

LEKTORAT VON FRITZ SENN.

UMSCHLAGBILD VON
ALMUT GERNHARDT

1.–4. TAUSEND, HERBST 1985

SATZ: ZOBRIST & HOF AG, LIESTAL
HERSTELLUNG: BENZIGER, EINSIEDELN
ISBN 3 251 20023 2

Inhalt

★★★★★★ EINE STARKE BLONDINE ★★★★★★

I

Hazel Morse war eine stattliche, strahlende Frau von der Sorte, die Männer, wenn sie das Wort »blond« in den Mund nehmen, dazu verleitet, mit der Zunge zu schnalzen und den Kopf neckisch schräg zu legen. Sie war sehr stolz auf ihre kleinen Füße und ertrug manches Leid für ihre Eitelkeit, indem sie sie in die kleinstmöglichen Schuhe mit sehr hohen Absätzen und sehr kurzen, abgerundeten Spitzen quetschte. Eigenartig waren ihre Hände, komische Endstücke von schlaffen, weißen, mit bleichen Sonnenflecken gesprenkelten Armen – lange, aufgeregte Hände mit fast bis um die Fingerspitzen herum gezüchteten, gebogenen Nägeln. Sie hätte sie nicht mit Juwelen verunzieren sollen.

Sie gehörte nicht zu den Frauen, die in Erinnerungen schwelgen. Mit Mitte dreißig sah sie ihre alten Tage als verschwommene, flackernde Sequenz, als einen unvollendeten Film über das Treiben fremder Leute.

In ihren Zwanzigern, nach dem lange hinausgezögerten Tod ihrer schleierhaft verwitweten Mutter, war Hazel in einem Kleidergroßhandel als Mannequin angestellt gewesen – damals war noch die starke Frau in Mode gewesen und sie hatte noch eine blühende Farbe und eine aufrechte Haltung gehabt und stolz gereckte Brüste. Die Stelle war nicht sehr anstrengend, und sie lernte eine Menge Männer kennen und verbrachte mit ihnen eine Menge Abende, lachte über ihre Witze und lobte ihre todschicken Schlipse. Die Männer fanden sie fabelhaft, und für sie war es selbstverständlich wünschenswert, von Männern fabelhaft gefunden zu werden. Beliebtsein schien ihr all die Mühe wert, die dazu aufgewendet werden mußte. Männer fanden einen fabelhaft, weil sie mit einem Spaß haben konnten, und wenn sie einen fabelhaft fanden, dann führten sie einen aus, und darauf kam's an. Und so war sie, und zwar mit Erfolg, für jeden Spaß zu haben. Sie war kein Spielverderber. Männer mochten keine Spielverderber.

Andere Formen des Zeitvertreibs, weder schlichtere noch anspruchsvollere, konnten ihre Aufmerksamkeit nicht erringen. Sie hatte nie darüber nachgedacht, ob sie sich nicht vielleicht mit anderem beschäftigen sollte. Ihre Vorstellung oder besser das, was sie gut fand, entsprach genau dem der anderen großzügig gebauten Blondinen, unter denen sie ihre Freundinnen fand.

Als sie in der Kleiderfirma ein paar Jahre gearbeitet hatte, lernte sie Herbie Morse kennen. Er war dünn, flink, attraktiv, hatte Falten über den glänzenden braunen Augen, die hin- und herzuckten, und die Angewohnheit, verbissen an der Haut um die Fingernägel herum zu kauen. Er trank im großen Stil; sie fand das unterhaltsam. Sie begrüßte ihn üblicherweise mit einer Bemerkung über seinen Zustand am vergangenen Abend.

»Na, du hattest vielleicht einen sitzen«, sagte sie meistens und lachte fröhlich wie immer. »Ich dachte, ich sterbe, wie du den Kellner dauernd gefragt hast, ob er mit dir tanzt.«

Sie fand ihn sofort fabelhaft, als sie ihn traf. Sie amüsierte sich köstlich über seine schnellen, genuschelten Sätze, die intelligent eingeschobenen Zitate aus Vaudeville-Stücken und Witzblattserien; sie bebte, wenn sie spürte, wie er seinen mageren Arm entschlossen unter ihren Jackenärmel schob; sie hatte Lust, die nasse Spiegelfläche seiner Haare anzufassen. Er fühlte sich ebenso prompt zu ihr hingezogen. Sie heirateten sechs Wochen nach ihrer ersten Begegnung.

Sie war hocherfreut über die Idee, eine Braut zu sein; kokettierte damit, profitierte davon. Sie hatte bereits früher Heiratsanträge bekommen, und nicht zu knapp, aber die waren zufällig immer von klobigen, bierernsten Männern, die als Einkäufer in die Kleiderfirma kamen; Männer aus Des Moines und Houston und Chicago und, wie sie es ausdrückte, noch viel komischeren Orten. Sie fand den Gedanken, irgendwo anders als in New York zu leben, schon immer enorm grotesk. Sie konnte doch Heiratsangebote mit Wohnsitz irgendwo im Westen nicht ernst nehmen.

Sie hatte Lust, verheiratet zu sein. Sie war jetzt fast dreißig, und sie steckte die Jahre nicht leicht weg. Sie ging auseinander und wurde weicher, und die nachdunkelnden Haare nötigten sie zum ungeschickten Hantieren mit Wasserstoffsuperoxyd. Es gab Zeiten, da bekam sie kleine Angstschauder wegen ihrer Stellen. Und sie hatte inzwischen ein paar tausend Abende mit ihren Bekannten verbracht und war kein Spielverderber gewesen. Allmählich war sie darin immer mehr beflissen und weniger spontan geworden.

Herbie verdiente genug, und sie nahmen eine kleine Wohnung weit oben in Manhattan. Das Eßzimmer war in Spanisch-Kolonial, die Hängelampe in der Mitte hatte eine leberbraune Glaskuppel; im Wohnzimmer standen eine Polstergarnitur und ein Farn und hing eine Reproduktion von Henners »Magdalene« mit den roten Haaren und den blauen Gewändern; das Schlafzimmer war in Emailgrau und Altrosa, Herbies Foto stand auf Hazels Toilettentisch und das von Hazel auf Herbies Kommode.

Sie kochte – und sehr gut sogar – und kaufte ein und schwatzte mit den Lieferburschen und der farbigen Waschfrau. Sie liebte die Wohnung, sie liebte ihr Leben, sie liebte Herbie. In den ersten Monaten ihrer Ehe schenkte sie ihm all die Leidenschaft, deren sie fähig war.

Sie hatte gar nicht gemerkt, wie müde sie war. Es war eine Wonne, ein neues Spiel, es war wie Ferien, endlich nicht mehr kein Spielverderber sein zu müssen. Wenn sie jetzt Kopfschmerzen hatte oder ihr die Füße wehtaten, jammerte sie herzzerreißend wie ein Baby. Wenn ihr jetzt nach Stille zumute war, schwieg sie. Wenn ihr jetzt Tränen in die Augen traten, ließ sie sie laufen.

Sie verfiel recht bald gewohnheitsmäßig auf Tränen während ihres ersten Ehejahrs. Sie war sogar in den Tagen, in denen sie kein Spielverderber sein durfte, bekannt für ihren gelegentlich verschwenderischen und gedankenlosen Umgang mit Tränen gewesen. Wie sie sich im Theater aufführte, war ein stehender Witz. Sie konnte bei einem Stück über alles und jedes weinen – über Kinderkleidchen, die Liebe, ob unerwidert oder gegenseitig, über Verführung, Reinheit, treue Diener, Hochzeitsszenen, Dreiecksbeziehungen.

»Schaut euch die Hazel an«, sagten ihre Freunde und sahen zu. »Da legt sie wieder los.«

Aber jetzt, im entspannten Hafen der Ehe, ließ sie ihre Tränen frei laufen. Für sie, die soviel gelacht hatte, war Weinen köstlich. Alle Sorgen wurden zu ihren Sorgen; sie war die Besorgtheit in Person. Sie vergoß ausgiebig warme Tränen bei Artikeln über entführte Babys, sitzengelassene Ehefrauen, arbeitslose Männer, streunende Katzen, heldenhafte Hunde. Auch wenn sie die Zeitung gar nicht mehr vor sich hatte, rumorte alles weiter in ihrem Gemüt, und die Tränen rollten schubweise über ihre Pausbacken.

»Ist doch wahr«, sagte sie zu Herbie, »soviel Trauriges gibt's auf der Welt, wenn man es mal bedenkt.«

»Tja«, sagte Herbie.

Sie vermißte niemanden. Die alte Clique, die Leute, die sie und Herbie zusammengebracht hatten, das alles fiel nach anfänglichem Zögern jetzt flach. Wenn sie überhaupt darüber nachdachte, fand sie es eigentlich nur richtig. So war die Ehe. Das war Frieden.

Nur, Herbie schmeckte das gar nicht.

Eine Zeitlang hatte er das Alleinsein mit ihr genossen. Er fand diese freiwillige Isolation neu und liebenswert. Dann wurde sie schlagartig schal. Es war, als wäre er an einem Abend, als er mit ihr in dem Wohnzimmer mit der Dampfheizung saß, noch wunschlos glücklich gewesen; und am nächsten Morgen hatte er die ganze Angelegenheit gründlich satt.

Ihre melancholischen Dämmerzustände fingen an, ihn aufzuregen. Am Anfang hatte er sie, wenn er nach Hause kam und sie ermattet und verstimmt vorfand, auf den Nacken geküßt und ihre Schultern getätschelt und sie gebeten, ihrem Herbie doch ruhig zu sagen, was schiefgelaufen war. Sie liebte das. Aber die Zeit glitt davon, und er merkte, daß niemals wirklich, ganz persönlich, etwas losgewesen war.

»Ach, Herrgott nochmal«, sagte er. »Schon wieder Gemaule. Also schön, dann sitz du weiter hier rum und maul dir das Hirn weg. Ich geh solange aus.«

Und türknallend verließ er die Wohnung und kam erst spät und betrunken zurück.

Sie war völlig entgeistert, was mit ihrer Ehe passierte. Zuerst hatten sie sich doch geliebt, und jetzt waren sie, anscheinend übergangslos, Feinde. Sie verstand das nie.

Die Zeiträume zwischen seinem Weggehen aus dem Büro und seinem Eintreffen zu Hause wurden länger und länger. Sie durchlebte qualvolle Zustände, in denen sie sich ausmalte, wie er überfahren worden war und blutüberströmt und tot unter einer Plane lag. Dann verlor sie die Ängste um seine Sicherheit und wurde mürrisch und verletzt. Wenn jemand wirklich mit jemandem zusammensein wollte, dann kam er doch so schnell wie möglich. Sie wünschte sich verzweifelt, er möge doch bei ihr sein wollen; ihre eigenen Stunden bemaßen nur noch die Zeit, bis er endlich nach Hause kam. Oft war es fast neun, wenn er zum Essen erschien. Und immer hatte er schon eine Menge Drinks intus, und wenn deren Wirkung allmählich nachließ, wurde er laut und querköpfig und suchte Vorwände für Streit.

Er sei zu nervös, sagte er, um den ganzen Abend mit Rumsitzen und Nichtstun zu verbringen. Er prahlte, aber wohl nicht ganz zu Recht, er habe nie im Leben ein Buch gelesen.

»Was soll ich hier eigentlich – den ganzen Abend stramm in der Bude hocken?« fragte er pathetisch. Und dann knallte er wieder die Tür und war weg.

Sie wußte nicht, was sie tun sollte. Sie konnte nicht mit ihm klarkommen. Sie kam nicht zu ihm durch.

Sie fing an, gegen ihn zu wüten. Eine zornige Häuslichkeit hatte sie erfaßt, und sie würde sie mit Zähnen und Klauen verteidigen. Sie wollte, wie sie es nannte, ein

»schönes Zuhause«. Sie wollte einen nüchternen, liebevollen Mann, der rechtzeitig am Abendbrotstisch saß und pünktlich bei der Arbeit war. Sie wollte nette, gemütliche Abende. Die Vorstellung vom Umgang mit anderen Männern war ihr ein Greuel; allein der Gedanke, daß Herbie womöglich bei anderen Frauen Unterhaltung suchte, machte sie rasend.

Es kam ihr vor, als handelte alles, was sie las – Romane aus der Leihbuchabteilung vom Drugstore, Illustriertengeschichten, die Frauenseiten in den Zeitungen – von Ehefrauen, die die Liebe ihrer Männer verloren hatten. So etwas konnte sie immerhin noch besser ertragen als Berichte über aufgeräumte, treuergebene Ehen, glücklich bis ans Lebensende.

Sie geriet in Panik. Ein paarmal fand Herbie sie, wenn er nach Hause kam, resolut in Schale geworfen – sie mußte die Kleider, die schon etwas älter waren, ändern lassen, damit sie zugingen – und mit Rouge im Gesicht.

»Los komm, wir machen uns eine wilde Nacht, was meinst du«, begrüßte sie ihn. »Man kann noch lange genug rumhängen und nichts tun, wenn man erstmal tot ist.«

Also gingen sie aus, in Eßlokale mit Musik und die etwas preiswerteren Cabarets. Aber es endete immer böse. Sie fand es nicht mehr amüsant mitanzusehen, wie Herbie trank. Sie konnte nicht mehr lachen über seine Geistreicheleien, denn sie zählte verbissen mit, wieviel er verkonsumierte. Sie war nicht mehr imstande, ihre Vorhaltungen für sich zu behalten – »Ach, nun komm, Herb, du hast jetzt genug getankt, findest du nicht? Sonst geht's dir bloß dreckig morgen früh.«

Er fing sofort an zu toben. Na bitte, Gemaule; Gemaule, Gemaule, Gemaule, Gemaule war alles, was sie zu bieten hatte. Ein lausiger Spielverderber war sie! Es gab eine Szene, und einer von beiden stand auf und stampfte wutentbrannt hinaus.

Sie konnte sich nicht auf den Tag genau erinnern, wann sie selbst zu trinken anfing. Ihre Tage gingen gleichförmig dahin. Wie Tropfen an einer Fensterscheibe, so rollten sie ineinander und sickerten davon. Sie war sechs Monate verheiratet; dann ein Jahr; dann drei Jahre.

Früher hatte sie nie zu trinken brauchen. Sie hatte den größten Teil des Abends an einem Tisch, an dem alle anderen inbrünstig becherten, sitzen können, ohne an Aussehen oder Laune einzubüßen noch sich zu langweilen bei dem, was um sie herum vorging. Wenn sie auch mal einen Cocktail nahm, war das so ungewöhnlich, daß es mindestens zwanzig Minuten lang witzig kommentiert wurde. Aber jetzt saß der Schmerz in ihr drin. Nach einem Streit blieb Herbie häufig über Nacht weg, und sie konnte nie herausbekommen, wo er die Zeit verbracht hatte. Ihr Herz fühlte sich eng und wund an in der Brust, und ihr Kopf drehte sich wie ein elektrischer Ventilator.

Sie haßte den Geschmack von Schnaps. Von Gin, ob pur oder gemixt, wurde ihr augenblicklich schlecht. Nach ein paar Versuchen fand sie, daß Scotch Whisky ihr am besten bekam. Sie nahm ihn ohne Wasser, er wirkte dann am schnellsten.

Herbie drängte ihn ihr geradezu auf. Er war froh, daß sie trank. Sie hofften beide, es würde ihre sprudelnde Laune zurückbringen und sie würden wieder schöne Zeiten zusammen haben.

»Jawollja«, applaudierte er. »Zeig mal, wie du dir einen in die Birne haust, Puppe.«

Aber es brachte sie nicht näher zusammen. Wenn sie mit ihm trank, gab es eine kurze Zeit Fröhlichkeit, und dann gerieten sie in wilde Streitereien, die komischerweise keinen Anlaß hatten. Am nächsten Morgen wachten sie auf und wußten nicht mehr so genau, worum es eigentlich gegangen war, hatten nebulöse Erinnerungen an das, was sie alles gesagt und getan hatten, waren aber beide zutiefst beleidigt und nahmen bitter übel. Es folgten Tage vergeltungsvollen Schweigens.

Es hatte einmal Zeiten gegeben, da hatte sie die Kräche wieder beilegen können, gewöhnlich im Bett. Dort hatte es Küsse und Kosenamen und Schwüre gegeben, noch einmal ganz neu anzufangen ... »Oh, von jetzt an wird alles wunderbar, Herbie. Wir werden tolle Zeiten haben. Ich hab zuviel gemault. Ich muß wohl müde gewesen sein. Aber jetzt wird alles toll. Du wirst sehen.«

Inzwischen gab es keine zärtlichen Versöhnungen mehr. Auch freundschaftliche Beziehungen schafften sie nur noch während der kurzen großmütigen Phasen, die der Schnaps bewirkte, bevor noch mehr Schnaps sie in die nächste Schlacht riß. Die Szenen wurden immer gewalttätiger. Beschimpfungen wurden laut herausgeschrien, es gab Püffe und manchmal schallende Ohrfeigen. Einmal hatte sie ein blaues Auge. Herbie war am nächsten Tag gehörig erschrocken, wie sie aussah. Er ging nicht zur Arbeit; er scharwenzelte um sie herum und schlug Heilmethoden vor und häufte düstere Vorwürfe auf sich. Aber als sie erst wieder getrunken hatten – »um sich wieder einzusortieren« –, spielte sie ständig so wehmütig auf ihren Bluterguß an, bis er sie anschrie und hinausstürmte und zwei Tage verschwunden blieb.

Jedesmal wenn er die Wohnung in einem Wutanfall verließ, drohte er, nie wiederzukommen. Sie glaubte ihm nicht, noch erwog sie eine Trennung. Irgendwo in ihrem Kopf oder in ihrem Herzen war eine träge, nebelhafte Hoffnung, daß die Dinge sich ändern und sie und Herbie ganz plötzlich wieder ins wohlige Eheleben zurückfinden würden. Hier war doch ihr Zuhause, ihre Möbel, ihr Mann, ihr Halt. Sie zerbrach sich nicht den Kopf über andere Möglichkeiten.

Sie konnte jetzt nicht mehr schalten und walten. Sie hatte keine Tränen mehr übrig für andere; die heißen Tropfen, die sie vergoß, waren für sie selbst. Sie lief rastlos in den Zimmern herum, und ihre Gedanken kreisten mechanisch und ausschließlich um Herbie. In jenen Tagen begann der Haß auf das Alleinsein, den sie nie mehr überwinden sollte. Man konnte für sich sein, wenn alles in Ordnung war, aber wenn es einem dreckig ging, bekam man das heulende Elend.

Sie fing an, allein zu trinken, kleine, kurze Drinks über den ganzen Tag verteilt. Nur mit Herbie zusammen machte der Alkohol sie nervös und angriffslustig. Allein, verwischte er die scharfen Konturen von allem. Sie lebte in einem Nebel aus Sprit. Ihr Leben nahm traumartige Züge an. Nichts war mehr verwunderlich.

Eine Mrs. Martin zog in die gegenüberliegende Wohnung auf ihrer Etage. Sie war eine beeindruckende Blondine von vierzig und ließ das Alter, das Mrs. Morse noch bevorstand, schon durchblicken. Sie machten sich bekannt und wurden rasch unzertrennlich. Mrs. Morse verbrachte ihre Tage in der Wohnung gegenüber. Sie tranken gemeinsam, um sich wieder aufzurappeln nach den Drinks der vergangenen Nächte.

Sie vertraute Mrs. Martin ihren Kummer mit Herbie nie an. Das Thema war viel zu heikel, als daß Reden sie erleichtert hätte. Sie schürte die Vermutung, daß die Geschäfte ihren Mann oft von zu Hause fernhielten. Es hatte ohnehin keine Bedeutung; Ehemänner als solche spielten in Mrs. Martins Kreisen nur eine Schattenrolle.

Mrs. Martin hatte keinen sichtbaren Gatten; die Entscheidung, ob er vielleicht tot war, blieb einem selbst überlassen. Sie hatte einen Bewunderer, Joe, der sie fast jeden Abend besuchte. Oft brachte er ein paar Freunde mit – »die Jungs«. Die Jungs waren füllige Männer mit roten Gesichtern und viel Humor, vielleicht fünfundvierzig, vielleicht fünfzig. Mrs. Morse war froh, zu ihren Parties eingeladen zu werden – Herbie war jetzt abends kaum noch zu Hause. Kam er doch mal, ging sie eben nicht zu Mrs. Martin. Ein Abend mit Herbie bedeutete unweigerlich Streit, trotzdem blieb sie bei ihm. Noch immer hatte sie die schwache, unausgesprochene Vorstellung, daß sich vielleicht gerade an diesem Abend alles zum Guten wenden könnte.

Die Jungs hatten immer eine Menge Schnaps dabei, wenn sie Mrs. Martin besuchen kamen. Und wenn sie mit ihnen trank, wurde Mrs. Morse lebhaft und gutmütig und kühn. Sie war bald sehr beliebt. Wenn sie genug getrunken hatte, um ihre jüngste Schlacht mit Herbie im Nebel versinken zu lassen, nahm sie angeregt wahr, wie sehr man sie schätzte. Sie und Maulen? Sie und Spielverderber? Nun, es gab einige Leute, die sahen das anders.

Ed war einer von den Jungs. Er lebte in Utica – war »sein eigener Chef«, wie ehrfürchtig berichtet wurde –, kam aber fast jede Woche nach New York. Er war verheiratet. Er zeigte Mrs. Morse die gerade aktuellen

Fotografien von seinem Junior und dessen Schwesterchen, und sie fand überschwengliche und aufrichtige lobende Worte. Bald war für die anderen klar, daß Ed ihr spezieller Freund war.

Er schenkte ihr den ersten Einsatz, wenn sie alle pokerten; saß dicht neben ihr und rieb gelegentlich während des Spiels sein Knie an ihrem. Sie hatte ziemlich viel Glück. Oft kam sie mit einer Zwanzig- oder Zehn-Dollar-Note oder einer Handvoll zerknüllter Dollarscheine nach Hause. Sie war froh darüber. Herbie wurde, wie sie es nannte, immer zickiger mit Geld. Ihn darum zu bitten beschwor sofort einen Krach herauf.

»Was zum Teufel machst du eigentlich damit?« sagte er. »Spülst es wohl in Whisky weg, was?«

»Ich gebe mir Mühe, hier einen halbwegs netten Haushalt zu führen«, schoß sie zurück. »Auf die Idee bist du wohl noch gar nicht gekommen, was? O nein, von sowas wird der Herr ja nicht behelligt.«

Und wieder konnte sie keinen bestimmten Tag nennen, an dem sie angefangen hatte, in Eds Besitz überzugehen. Er machte es sich zur Sitte, sie auf den Mund zu küssen, sowie er herein kam, und desgleichen zum Abschied, und gab ihr auch während des ganzen Abends flüchtige Anerkennungsküßchen. Sie mochte es, jedenfalls mehr, als sie es nicht mochte. Sie dachte nie an seine Küsse, wenn sie nicht bei ihm war.

Er ließ seine Hand auch verweilend über ihren Rücken und ihre Schultern gleiten.

»'ne scharfe Blondine, häh?« sagte er. »'ne tolle Puppe.«

Eines Nachmittags kam sie von Mrs. Martin und fand Herbie im Schlafzimmer vor. Er war einige Nächte weg gewesen, offensichtlich auf einer ausgedehnten Zechtour. Er war grau im Gesicht, und seine Hände zuckten, als wären sie an Strom angeschlossen. Auf dem Bett lagen zwei alte Koffer, bis oben hin vollgepackt. Nur ihr Foto stand noch auf seiner Kommode, und die aufgerissenen Türen seines Wandschranks offenbarten nichts als Kleiderbügel.

»Ich zieh Leine«, sagte er. »Hab die ganze Schufterei satt. Kriege eine Stelle in Detroit.«

Sie setzte sich auf die Bettkante. Sie hatte die letzte Nacht eine Menge getrunken, und die vier Scotchs bei Mrs. Martin hatten sie nur noch mehr benebelt.

»Gute Sache?« sagte sie.

»Och, ja«, sagte er. »Sieht ganz nett aus.«

Er machte einen Koffer zu, unter Mühen und leise vor sich hin fluchend.

»Da ist noch Kies auf der Bank«, sagte er. »Das Scheckbuch liegt in deiner obersten Schublade. Du kannst die Möbel und den anderen Kram behalten.«

Er sah sie an, und seine Stirn zuckte.

»Verdammt nochmal, ich hab die Schnauze voll, kann ich dir sagen«, schrie er. »Gestrichen voll.«

»Na schön, na schön«, sagte sie. »Ich kann dich schließlich hören, oder?«

Sie sah ihn an, als säße er an einem Ende einer Kanone und sie am anderen. Sie bekam dröhnende Kopfschmerzen, und ihre Stimme nahm einen düsteren, verschlafenen Klang an. Sie schaffte es nicht, fröhlicher zu klingen.

»Willst du noch einen trinken, bevor du gehst?« fragte sie.

Wieder sah er sie an, und ein Mundwinkel zuckte nach oben.

»Mal wieder hackevoll zur Abwechslung, was?« sagte er. »Wie nett. Klar, schenk uns einen ein, los.«

Sie ging zur Speisekammer, mixte für ihn einen steifen Highball, kippte sich selbst einen kräftigen Schluck Whisky ins Glas und trank es leer. Dann goß sie sich noch eine Portion ein und brachte die Gläser ins Schlafzimmer. Er hatte jetzt beide Koffer verschnürt und Hut und Mantel schon angezogen.

Er nahm seinen Highball.

»Na dann«, sagte er und stieß plötzlich ein unsicheres Lachen aus. »Dann Hals- und Beinbruch.«

»Hals- und Beinbruch«, sagte sie.

Sie tranken aus. Er stellte sein Glas ab und nahm die schweren Koffer hoch.

»Muß den Zug um sechs noch kriegen«, sagte er.

Sie brachte ihn in den Flur. Ein Lied, ein Lied, das Mrs. Martin hartnäckig auf dem Grammophon spielte, ging ihr laut durch den Kopf. Sie hatte es nie leiden können.

Bei Sonne und Mond
Immer Spiel und Spaß
Sag, hat sich's nicht gelohnt?

An der Tür stellte er die offer ab und sah ihr ins Gesicht.

»Also dann«, sagte er. »Also, paß auf dich auf. Du wirst's schon machen, was?«

»Und wie«, sagte sie.

Er öffnete die Tür, kam dann noch einmal zurück und streckte die Hand aus.

»Tschüs, Haze«, sagte er. »Viel Glück für dich.«

Sie nahm seine Hand und schüttelte sie.

»Den Seinen nimmt's der Herr im Schlaf«, sagte sie.

Als sich die Tür hinter ihm geschlossen hatte, ging sie zurück zur Speisekammer.

Sie war aufgekratzt und lebhaft, als sie abends zu Mrs. Martin kam. Die Jungs waren auch da. Mit Ed. Er war froh, in der Stadt zu sein, und er war durstig und laut und hatte einen Stapel Witze auf Lager. Aber sie nahm ihn eine Minute still beiseite.

»Herbie hat heute Leine gezogen«, sagte sie. »Geht in den Westen.«

»Ah ja?« sagte er. Er sah sie an und spielte mit dem Füllhalter, der an seiner Westentasche klemmte.

»Denkst du, der ist für immer weg, was?« fragte er.

»Ja«, sagte sie. »Ich weiß es. Ich weiß. Ja.«

»Bleibst du trotzdem gegenüber wohnen?« sagte er. »Schon Pläne, was du machen willst?«

»Huh, ich weiß nicht«, sagte sie. »Ist mir auch ziemlich wurscht.«

»Na hör mal, sowas sagt man aber nicht«, belehrte er sie. »Weißt du, was – du brauchst einen Schluck Whisky. Was sagst du dazu?«

»Hm, ja«, sagte sie. »Einfach pur.«

Sie gewann dreiundvierzig Dollar beim Pokern. Als das Spiel zu Ende war, brachte Ed sie zu ihrer Wohnung.

»Küßchen für mich über?« fragte er.

Er riß sie in seine massigen Arme und küßte sie roh. Sie ließ alles über sich ergehen. Er hielt sie von sich weg und sah sie an.

»Bißchen weggetreten, Süße?« fragte er ärgerlich. »Wirst mir doch nicht krank?«

»Ich?« sagte sie. »Mir geht's toll.«

II

Als Ed am nächsten Morgen ging, nahm er ihr Foto mit. Er sagte, er wollte gern ein Foto von ihr, zum Angukken, oben in Utica. »Du kannst das auf der Kommode haben«, sagte sie.

Sie legte Herbies Foto in die Schublade, aus dem Blick. Als sie es einmal ansehen konnte, hätte sie es am liebsten zerrissen. Es gelang ihr ziemlich gut, ihre Gedanken nicht dauernd um ihn kreisen zu lassen. Whisky drosselte das Kreisen. Sie war fast friedlich in ihrem Nebelschleier.

Sie nahm die Beziehung mit Ed hin ohne Fragen und ohne Begeisterung. Wenn er fort war, dachte sie selten wirklich an ihn. Er war gut zu ihr; er brachte ihr häufig Geschenke mit und zahlte regelmäßig Unterhalt. Sie konnte sogar etwas davon sparen. Sie plante zwar nie über den Tag hinaus, aber sie brauchte nicht viel, und Geld konnte man ebenso gut auf die Bank bringen, anstatt es herumliegen zu lassen.

Als der Mietvertrag für ihre Wohnung ablief, schlug Ed einen Umzug vor. Seine freundschaftlichen Beziehungen zu Mrs. Martin und Joe waren gespannt wegen einer Kontroverse beim Poker; eine Fehde lag in der Luft.

»Zum Teufel, laß uns hier raus«, sagte Ed. »Was du brauchst, ist ne Wohnung an der Grand Central Station. Ist leichter für mich.«

Also nahm sie eine kleine Wohnung in den Vierziger Straßen. Ein farbiges Mädchen kam täglich zum Putzen und Kaffeekochen – sie hatte »den ganzen Haushaltskram satt«, sagte sie, und Ed, der seit zwanzig Jahren mit einer passionierten Hausfrau verheiratet war, bewunderte diese romantische Nutzlosigkeit und fühlte sich doppelt als Mann von Welt, indem er sie förderte.

Kaffee war alles, was sie zu sich nahm, bis sie abends essen ging, aber der Alkohol bewirkte, daß sie fett blieb. Die Prohibition, das war für sie lediglich Stoff für Witze. Man kam immer an alles ran, was man brauchte. Sie war nie auffallend betrunken und selten auch nur fast nüchtern. Es bedurfte eines immer größeren täglichen Quantums, damit sie ihren Nebelkopf behielt. War es zu klein, wurde sie ganz schmerzvolle Melancholie.

Ed führte sie bei Jimmy's ein. Es war sein Stolz, wie der aller Durchreisenden, die man glatt für Einheimische halten würde, daß er stets die allerneuesten kleinen Eßkneipen in den unteren Etagen von schäbigen Mietshäusern kannte; Orte, an denen man, wenn man den Namen eines eingeführten Freundes fallen ließ, merkwürdigen Whisky und frischen Gin in sämtlichen Spielarten bekam. Jimmy's war die Lieblingskneipe seiner Bekannten.

Dort lernte Mrs. Morse, durch Ed, viele Männer und Frauen kennen und schloß rasch Freundschaften. Die Männer führten sie oft aus, wenn Ed in Utica war. Und er war stolz auf ihre Beliebtheit.

Sie gewöhnte sich an, allein zu Jimmy's zu gehen, wenn sie keine andere Verabredung hatte. Mit Sicherheit traf sie dort ein paar Leute, die sie kannte, und sie konnte sich zu ihnen setzen. Der Club war so recht für ihre Freunde, und zwar Männer wie Frauen.

Die Frauen bei Jimmy's sahen sich bemerkenswert ähnlich, und das war eigentlich seltsam, denn Zwiste, Umzüge und einträglichere Geschäfte anderswo sorgten für einen ständigen Wechsel in der Gruppe. Doch immer sahen die neuen Frauen genauso aus wie die abgelösten. Sie hatten alle eine schwere, starke Figur und breite Schultern und reichlich Busen und Gesichter aus dicken, weichen, lebhaft getönten Fleischschichten. Sie lachten laut und gern und bleckten dabei Zähne, die dunkel und glanzlos wie Steingutklumpen waren. Sie strahlten alle die Gesundheit der Beleibten aus, und dennoch hatten sie einen leicht kränklichen Anflug von beharrlicher Konservierung. Sie waren vielleicht sechsunddreißig oder fünfundvierzig oder alles dazwischen.

Ihre Titel setzten sie aus den eigenen Vornamen und den Nachnamen ihrer Ehemänner zusammen – Mrs. Florence Miller, Mrs. Vera Riley, Mrs. Lilian Block. Das suggerierte gleichzeitig die Festigkeit der Ehe und den Glanz der Freiheit. Aber nur eine oder zwei waren tatsächlich geschieden. Die meisten sprachen einfach nie über die verblaßten Gatten; manche, die erst kurz getrennt lebten, beschrieben sie in Begriffen von großer biologischer Anschaulichkeit. Ein paar Frauen hatten Kinder, aber immer nur jeweils eins – einen Jungen, der irgendwo im Internat war, ein Mädchen, das von einer Großmutter gehütet wurde. Oft, wenn es schon zügig auf den Morgen zuging, wurden Kodak-Porträts und Tränen gezeigt.

Es waren behagliche Frauen, herzlich und freundlich und von einer unverwüstlichen Matronenhaftigkeit. Sie waren die Gelassenheit in Person. Ihrem Schicksal ergeben, vor allem bei Geldangelegenheiten, klagten sie nicht. Wann immer ihre Finanzen bedrohlich knapp wurden, tauchte ein neuer Spender auf; so war es immer gewesen. Jede hatte das Ziel, den einen einzigen Mann abzukriegen, den auf Dauer, der für sie die Rechnungen bezahlte und für den sie im Gegenzug sofort alle Bewunderer aufgegeben hätte, den sie vermutlich sogar bald ungemein fabelhaft fände; denn ihre Zuneigungen waren mittlerweile anspruchslos und geruhsam geworden und leicht zu bewerkstelligen. Letzteres allerdings wurde Jahr für Jahr schwieriger. Mrs. Morse hatte aller Meinung nach ausgesprochen Glück gehabt.

Für Ed war es ein erfolgreiches Jahr, er erhöhte ihren Unterhalt und schenkte ihr einen Seehundmantel. Aber sie mußte auf ihre Stimmungen aufpassen, wenn er da war. Er bestand auf Fröhlichkeit. Er hörte gar nicht erst hin, wenn sie ihm mit Schmerzen oder düsterer Erschöpftheit kam.

»Du, hör mal zu«, sagte er dann, »ich hab meine eigenen Sorgen, und zwar nicht zu knapp. Kein Mensch will die Probleme von andern Leuten anhören, Schätzchen. Alles, was man von dir verlangt, ist, daß du kein Spielverderber bist und sie vergißt. Kapiert? Na komm, nun rück schon ein kleines Lächeln raus. So ist's brav.«

Sie hatte nie genug Anteilnahme, um sich mit ihm zu streiten wie mit Herbie, aber sie hätte auch gern das Recht auf offensichtliche Traurigkeit für sich in Anspruch genommen. Die anderen Frauen, die sie traf, brauchten ihre Launen nicht niederzukämpfen. Mrs. Florence Miller zum Beispiel bekam regelmäßig Heulkoller, und die Männer standen sofort Schlange, um sie aufzumuntern und zu trösten. Die anderen füllten ganze Abende mit schmerztriefenden Vorträgen über ihre Kümmernisse und Krankheiten; und ihre Begleiter äußerten stets tiefstes Mitgefühl. Aber sie machte sich sofort unerwünscht, wenn sie bedrückt war. Einmal, bei Jimmy's, hatte sie es nicht geschafft, wieder lebhaft zu werden, und Ed war einfach gegangen und hatte sie sitzengelassen.

»Warum zum Teufel bleibst du nicht zu Hause, anstatt allen Leuten den Abend zu verderben?« hatte er gepoltert.

Sogar die flüchtigsten Bekannten wirkten gereizt, wenn sie mal nicht demonstrativ leichten Herzens war.

»Was ist denn mit *dir* los?« sagten sie dann. »Sei nicht kindisch, nein? Trink 'n Schluck und reiß dich am Riemen.«

Als ihre Beziehung mit Ed drei Jahre gedauert hatte, zog er um nach Florida. Er verließ sie nur sehr ungern; er ließ ihr einen dicken Scheck und ein paar gesunde Aktien da, und seine bleichen Augen wurden beim Abschied feucht. Sie vermißte ihn nicht. Er kam nur noch selten nach New York, vielleicht ein-, zweimal pro Jahr, und immer gleich vom Zug zu ihr. Sie freute sich jedesmal, wenn er kam, und es tat ihr nie leid, wenn er wieder ging.

Charley, einer von Eds Bekannten, den sie von Jimmy's kannte, hatte sie schon lange bewundert. Er hatte auch immer Gelegenheit gefunden, sie anzufassen und sich beim Reden dicht an sie zu lehnen. Er fragte ständig sämtliche Freunde, ob sie schon je eine Frau gehört hätten, die so wunderbar lachen konnte wie sie. Nach Eds Wegzug wurde Charley zur Hauptfigur ihres Lebens. Sie stufte ihn als »gar nicht übel« ein und sagte das auch laut. Mit Charley dauerte es fast ein Jahr; dann teilte sie ihre Zeit zwischen ihm und Sidney, ebenfalls Stammgast bei Jimmy's; und dann verschwand Charley ganz von der Bildfläche.

Sidney war ein kleiner, bunt gekleideter, gescheiter

Jude. Mit ihm kam sie vielleicht am dichtesten an Zufriedenheit heran. Er amüsierte sie immer; sie brauchte sich nie zum Lachen zu zwingen.

Er bewunderte sie völlig. Ihre Weichheit und ihre Ausmaße fand er köstlich. Und er fand sie selbst großartig, das sagte er ihr oft, weil sie fröhlich und lebhaft war, sogar betrunken.

»Ich hatte mal ne Kleine«, sagte er, »die wollte ewig aus dem Fenster hüpfen, wenn sie einen in der Krone hatte. Jessas, nee«, fügte er gefühlvoll hinzu.

Dann heiratete Sidney eine reiche Braut mit Argusaugen, und dann kam Billy. Nein – nach Sidney kam zuerst Fred, dann Billy. In ihrer vernebelten Erinnerung wußte sie nie, wieviele Männer in ihr Leben getreten und daraus verschwunden waren. Es gab keine Überraschungen mehr. Sie empfand weder Schauer, wenn sie kamen, noch Trauer, wenn sie gingen. Sie schien immer noch jeden Mann anziehen zu können. Zwar war nie wieder einer so reich wie Ed, aber großzügig zu ihr waren sie alle, nach ihren Mitteln.

Einmal hörte sie Neuigkeiten von Herbie. Sie traf Mrs. Martin beim Essen bei Jimmy's, und die alte Freundschaft wurde stürmisch erneuert. Der Immer-noch-Bewunderer Joe hatte ihn während einer Geschäftsreise gesehen. Herbie hatte sich in Chicago niedergelassen, er sah prächtig aus, er lebte mit einer Frau zusammen – schien verrückt nach der zu sein. Mrs. Morse hatte an dem Tag kräftig getrunken. Sie nahm die Neuigkeit mit gedämpftem Interesse auf, wie jemand, der etwas über die Bettgeschichten von irgendwem anders hört, dessen Name ihm, nach kurzem Grübeln, bekannt vorkommt.

»Verdammt, das muß fast sieben Jahre her sein, seit ich ihn zuletzt gesehen hab«, kommentierte sie. »Huh, sieben Jahre.«

Mehr und mehr verloren ihre Tage an Eigenheit. Sie wußte nie, welches Datum oder welcher Wochentag gerade war.

»Mein Gott, das ist ein Jahr her!« rief sie aus, wenn das Gespräch auf irgendein Ereignis kam.

Sie war die meiste Zeit müde. Müde und elend. Fast alles bot ihr Anlaß, sich elend zu fühlen. Diese alten Pferde, die sie auf der Sixth Avenue sah – wie sie sich die Schienen entlangkämpften oder ausrutschten, oder wie sie am Bordstein standen und die Köpfe so tief hängen ließen, daß sie auf einer Höhe mit den zerschundenen Knien waren. Sofort brachen ihr die tief unten aufgestauten Tränen aus den Augen, während sie schwankend versuchte, hinter ihren schmerzenden Füßen in den viel zu kurzen champagnerbeigen Stöckelschuhen herzukommen.

Der Gedanke an den Tod tauchte auf und blieb bei ihr und verlieh ihr eine Art dösiger Heiterkeit.

Es war kein bestimmter oder schockartiger Augenblick, als sie zum ersten Mal daran dachte, sich umzubringen; es kam ihr vor, als hätte sie die Idee immer schon gehabt. Sie stürzte sich jetzt auf alle Artikel über Selbsttötungen. Es gab eine regelrechte Freitodseuche – oder vielleicht suchte sie auch nur so gierig nach solchen Geschichten und stieß deshalb auf so viele. Darüber zu lesen gab ihr wieder Sicherheit; sie empfand behagliche Solidarität mit der großen Gemeinschaft der freiwillig Toten.

Sie schlief, dank Whisky, bis spät in den Nachmittag und blieb dann im Bett liegen, Flasche und Glas griffbereit, bis es Zeit wurde, sich anzuziehen und essen zu gehen. Allmählich entwickelte sie verwirrtes, leises Mißtrauen gegen den Alkohol, wie gegen einen Freund, der einem einen Gefallen einfach nicht tun will. Whisky hielt sie noch immer die meiste Zeit ruhig, aber es gab inzwischen plötzliche, unerklärliche Augenblicke, in denen die Nebelwolke wie im Verrat von ihr abfiel und die Sorge und die Verworrenheit und die Plage allen Lebens an ihr sägten. Wollüstig spielte sie mit dem Gedanken an einen ruhigen, schlafartigen Rückzug. Religiöser Glaube hatte sie nie belästigt, und keine Vision des Lebens nach dem Tode schreckte sie ab. Sie träumte am hellichten Tag davon, nie wieder enge Schuhe anziehen zu müssen, nie wieder lachen und zuhören und bewundern zu müssen, nie wieder kein Spielverderber zu sein. Nie wieder.

Aber wie stellt man das an? Ihr wurde schon bei dem Gedanken an Sprünge aus großen Höhen übel. Sie konnte Pistolen nicht ausstehen. Im Theater hielt sie sich immer, sobald auf der Bühne jemand eine Pistole zog, die Ohren zu und traute sich nicht mehr hinzusehen, bis der Schuß endlich gefallen war. Gas gab es nicht in ihrer Wohnung. Sie betrachtete eingehend die schönen blauen Venen an ihren schmalen Handgelenken – ein Schnitt mit einer Rasierklinge, und damit hätte sich's. Aber es würde wehtun, höllisch wehtun, und sie würde Blut sehen müssen. Gift – irgendwas Geschmackloses und Schnelles und Schmerzloses –, das war es. Aber das bekam man nicht im Drugstore, wegen der Gesetze.

Sie dachte nur noch an wenig anderes.

Es gab inzwischen einen neuen Mann – Art. Er war

klein und fett und anspruchsvoll und stellte ihre Geduld auf eine harte Probe, wenn er betrunken war. Aber vor ihm hatte es eine Zeitlang nur Gelegenheitsaffären gegeben, und ein bißchen Stabilität war ihr willkommen. Außerdem mußte Art wochenlang weg, Seide verkaufen, und das war sehr erholsam. Sie war einnehmend fröhlich mit ihm zusammen, obwohl ihr die Anstrengung zusetzte.

»Absolut kein Spielverderber«, brummelte er tief unten an ihrem Nacken. »Mit dir kann man Pferde stehlen.«

Eines Abends, als er sie zu Jimmy's ausgeführt hatte, ging sie mit Mrs. Florence Miller auf die Toilette. Dort tauschten sie, während sie sich die gekräuselten Münder mit Rouge nachzogen, ihre Erfahrungen in Sachen Schlaflosigkeit aus.

»Also wirklich«, sagte Mrs. Morse, »ich würde kein Auge zutun, wenn ich nicht voll Scotch ins Bett ginge. Ich liege nur rum und wälze mich hin und her. Das reine Elend! Das ist das reine Elend, so wach zu liegen!«

»Sag mal, hör mal, Hazel«, sagte Mrs. Miller resolut, »ich sage dir, ich würde ein geschlagenes Jahr wachliegen, wenn ich kein Veronal hätte. Von dem Zeug schläfst du wie ein Idiot.«

»Ist das nicht Gift oder sowas?« fragte Mrs. Morse.

»Oh, nimm zuviel davon, und sie zählen dich aus«, sagte Mrs. Miller. »Ich nehme immer nur dreißig Milligramm – das gibt's als Tabletten. Ich hätte Schiß, Dummheiten damit zu machen. Aber dreißig Milligramm, davon sackst du richtig schön weg.«

»Kriegt man das irgendwo?« Mrs. Morse fühlte sich herrlich machiavellianisch.

»Kriegst doch alles, was du brauchst, in New Jersey«,

sagte Mrs. Miller. »Hier geben sie's einem ja nicht ohne Rezept. Fertig? Wir sollten mal wieder reingehen und nachsehen, was die Jungs so treiben.«

An jenem Abend brachte Art Mrs. Morse nur bis zur Wohnungstür; seine Mutter war in der Stadt. Mrs. Morse war noch nüchtern, und ausgerechnet jetzt war kein Whisky mehr in ihrem Schrank. Sie lag im Bett und starrte nach oben an die Decke.

Sie stand für ihre Verhältnisse früh auf und fuhr nach New Jersey. Sie war nie mit der Untergrundbahn gefahren und kannte sich damit nicht aus. Deshalb fuhr sie zur Pennsylvania Station und löste einen Eisenbahnfahrschein nach Newark. Sie dachte während der Fahrt an nichts Bestimmtes. Sie betrachtete die einfallslosen Hüte der Frauen um sich herum und starrte durch das verschmierte Fenster auf die flache, sandige Landschaft.

In Newark verlangte sie im ersten Drugstore, an dem sie vorbeikam, eine Dose Körperpuder, eine Nagelbürste und eine Schachtel Veronal-Tabletten. Puder und Bürste sollten dem Schlafmittel den Anschein von etwas zufällig Benötigtem geben. Der Verkäufer war völlig gleichgültig. »Wir haben nur Fläschchen«, sagte er und packte ihr ein Glasröhrchen mit übereinandergestapelten weißen Tabletten ein.

Sie ging in eine zweite Drogerie und kaufte einen Waschlappen fürs Gesicht, ein Orangenholzstäbchen für die Nagelhaut und ein Röhrchen Veronal-Tabletten. Der Verkäufer nahm ebensowenig Notiz.

»Na dann, jetzt hab ich wohl genug, um einen Ochsen umzubringen«, dachte sie und ging zurück zum Bahnhof.

Zu Hause legte sie die Röhrchen in die Schublade ihres

Toilettentischs und stand davor und sah sie verträumt-liebevoll an.

»Da liegen sie, Gott segne sie«, sagte sie, küßte ihre Fingerspitzen und tippte damit auf jedes Röhrchen.

Das farbige Mädchen war im Wohnzimmer beschäftigt.

»Tag, Nettie«, rief Mrs. Morse. »Seien Sie ein Engel, ja? Laufen Sie eben rüber zu Jimmy's und holen Sie mir eine Literflasche Scotch.«

Sie summte, während sie wartete, daß das Mädchen zurückkam.

In den nächsten paar Tagen tat der Whisky ihr wieder so liebevoll seine Dienste wie damals, als sie zuerst Zuflucht zu ihm genommen hatte. Allein war sie gedämpft und vernebelt, bei Jimmy's war sie die Fröhlichste von allen. Art fand sie köstlich.

Dann, eines Abends, war sie mit Art zu einem vorgezogenen Essen bei Jimmy's verabredet. Er mußte gleich danach auf Geschäftsreise und würde eine Woche wegbleiben. Mrs. Morse hatte den ganzen Nachmittag getrunken; während sie sich zum Ausgehen anzog, spürte sie, wie sich ihre verdöste Stimmung angenehm hob. Aber kaum trat sie auf die Straße, war die Wirkung des Whiskys schlagartig hin, und sie wurde von einer zähen, zermürbenden Erbärmlichkeit beschlichen, die so entsetzlich war, daß sie schwankend auf dem Bürgersteig stehenbleiben mußte und keinen Schritt vorwärtskam. Es war eine graue Nacht mit hinterhältigen, dünnen Schneewehen, und die Straßen glänzten dunkel vom Eis. Als sie langsam die Sixth Avenue überquerte, vorsichtig einen Fuß hinter dem anderen herschleifend, ging ein dickes, narbiges Pferd, das eine brüchige Expreßkutsche zog, krachend vor ihr in die Knie. Der Kutscher fluchte und brüllte und peitschte wie wahnsinnig auf das Tier ein und holte bei jedem Schlag von hinter der Schulter aus, während das Pferd sich abstrampelte, um auf dem glitschigen Asphalt wieder Fuß zu fassen. Die Leute strömten zusammen und sahen neugierig zu.

Art wartete bereits, als Mrs. Morse bei Jimmy's eintraf.

»Was ist denn mit dir los, um Gotteswillen?« war seine Begrüßung.

»Ich hab ein Pferd gesehen«, sagte sie. »Huh, ich – man hat ja noch Mitleid mit Pferden. Ich – es sind ja nicht bloß Pferde. Alles ist irgendwie grauenhaft, nicht? Ich kann mir nicht helfen, ich bin am Boden.«

»Ah, am Boden, kuck mal an«, sagte er. »Was soll dieses Gemecker eigentlich? Was hast du überhaupt am Boden verloren?«

»Ich kann nicht anders«, sagte sie.

»Ah, sie kann nicht anders, kuck mal an«, sagte er. »Reiß dich gefälligst zusammen, ja? Komm, setz dich hin und zieh dir 'n anderes Gesicht an.«

Sie trank beflissen und gab sich redlich Mühe, aber sie kam über ihre Melancholie nicht hinweg. Andere Leute setzten sich zu ihnen und ließen sich über ihren Trübsinn aus, und sie konnte ihnen nicht mehr anbieten als ein schwaches Lächeln. Sie tupfte verstohlen mit dem Taschentuch an den Augen herum und versuchte, immer Augenblicke abzupassen, in denen es niemand sah, aber Art erwischte sie ein paarmal und warf ihr drohende Blicke zu und rutschte auf seinem Stuhl hin und her.

Als es Zeit für seinen Zug war, sagte sie, sie ginge auch, und zwar nach Hause.

»Gar keine schlechte Idee«, sagte er. »Sieh zu, daß du dir das wegschläfst. Ich seh dich Donnerstag. Um Gotteswillen, mach, daß du bis dahin wieder fröhlich bist, ja?«

»Ja«, sagte sie. »Bin ich.«

Im Schlafzimmer zog sie sich angespannt hastig aus, nicht mit den sonstigen langsamen unsicheren Bewegungen. Sie zog ihr Nachthemd an, nahm das Haarnetz ab und fuhr sich kurz mit dem Kamm durch die spröden, vielfarbigen Haare. Dann nahm sie die beiden Röhrchen aus der Schublade und trug sie ins Badezimmer. Das splitternde Elend war von ihr gewichen, und jetzt verspürte sie die schnelle Erregung von jemandem, der gleich ein erhofftes Geschenk bekommt.

Sie nahm die Korken von den Röhrchen, füllte ein Glas mit Wasser und stand mit einer Tablette zwischen den Fingern vor dem Spiegel. Plötzlich machte sie eine anmutige Verbeugung vor ihrem Spiegelbild und hob das Glas.

»Na dann, Hals- und Beinbruch«, sagte sie.

Die Tabletten waren unangenehm zu schlucken und trocken und staubig und blieben widerspenstig auf halbem Weg im Hals stecken. Sie brauchte sehr lange, bis sie alle zwanzig runter hatte. Sie stand da und musterte ihr Spiegelbild mit tiefem, unpersönlichem Interesse und studierte die würgenden Bewegungen an ihrer Gurgel. Wieder sprach sie laut.

»Um Gotteswillen, mach, daß du bis Donnerstag wieder fröhlich bist, ja?« sagte sie. »Na, du weißt, was der mich kann. Der und die ganze Bagage.«

Sie hatte keine Ahnung, wie schnell Veronal wirken sollte. Als sie die letzte Tablette geschluckt hatte, stand sie unsicher da und fragte sich, noch immer mit höflichem, entrücktem Interesse, ob der Tod sie wohl auf der Stelle ereilte. Sie fühlte sich überhaupt nicht eigenartig, abgesehen von den leichten Übelkeitsschüben wegen des anstrengenden Schluckens, auch ihr Gesicht im Spiegel sah gar nicht verändert aus. Also passierte es nicht sofort; es dauerte womöglich noch eine Stunde oder so.

Sie reckte die Arme und gähnte ausgiebig.

»Geh jetzt glaub ich mal ins Bett«, sagte sie. »Huh, bin ich todmüde.«

Das fand sie urkomisch, und dann drehte sie das Badezimmerlicht aus und ging sich hinlegen, und die ganze Zeit gluckste sie vergnügt vor sich hin.

»Huh, bin todmüde«, zitierte sie. »Und der Satz ist zum Totlachen!«

III

Nettie, das farbige Mädchen, kam spät am nächsten Nachmittag, um die Wohnung zu putzen, und fand Mrs. Morse im Bett. Aber das war nichts Ungewöhnliches. Normalerweise wurde sie allerdings von den Putzgeräuschen wach, und wach wurde sie gar nicht gern. Nettie war ein rücksichtsvolles Mädchen und hatte gelernt, leise umzugehen.

Aber nachdem sie mit dem Wohnzimmer fertig war und sich ins Schlafzimmer geschlichen hatte, um auch da aufzuräumen, konnte sie, als sie die Sachen auf dem Toilettentisch wieder richtig hinstellen wollte, ein kurzes Klappern nicht verhindern. Instinktiv warf sie einen Blick über die Schulter auf die Schlafende, und ein ungesund-flaues Gefühl kroch ohne Vorwarnung über sie. Sie ging zum Bett und starrte hinunter auf die Frau, die da lag.

Mrs. Morse lag auf dem Rücken, einen schlaffen weißen Arm nach oben geworfen, den Puls auf der Stirn. Die struppigen Haare hingen in Strähnen über ihr Gesicht. Die Bettdecke war zurückgeschlagen und legte eine ganze Menge weichen Hals und ein rosa Nachthemd bloß, dessen Stoff vom vielen Waschen ungleichmäßig mürbe geworden war; die großen Brüste hatten sich aus dem Halter gelöst und waren in die Achselhöhlen gerutscht. Hin und wieder gab sie rasselnde Schnarchlaute von sich, und aus der einen Ecke ihres offenen Mundes bis zur verschwommenen Rundung ihres Kiefers verlief eine Spur aus verkrusteter Spucke.

»Mis' Morse«, rief Nettie. »Oh, Mis' Morse! Schon gottweißwie spät.«

Mrs. Morse rührte sich nicht.

»Mis' Morse«, sagte Nettie. »Hörn Sie, Mis' Morse. Wie soll ich'n hier Bettenmachen?«

Panik sprang das Mädchen an. Sie schüttelte die heiße Schulter der Frau.

»Sie, aufwachn, los«, wimmerte sie. »Sie, bitte, wachn Sie doch ma auf.«

Plötzlich drehte das Mädchen sich um und rannte ins Treppenhaus zur Fahrstuhltür; sie preßte den Daumen fest auf den glänzenden schwarzen Knopf, bis der altertümliche Fahrstuhl mitsamt dem schwarzen Liftboy vor ihr stand. Sie übergoß den Jungen mit einem Wortschwall und zog ihn in die Wohnung zurück. Er ging zwar auf Zehenspitzen, aber knarrend, zu dem Bett;

zuerst behutsam und dann so eifrig, daß er Abdrücke in dem weißen Fleisch hinterließ, rüttelte er die bewußtlose Frau.

»Heh Sie!« schrie er und lauschte angestrengt auf ein Echo.

»Jesses. Ausgepustet wie ne Kerze«, war sein Kommentar.

Angesichts seines Interesses für die spektakuläre Angelegenheit schwand Netties Panik. Beide kamen sich sehr wichtig vor. Sie flüsterten hektisch in abgebrochenen Sätzen, und dann schlug der Liftboy vor, den jungen Arzt zu holen, der im Erdgeschoß wohnte. Nettie lief hinter ihm her. Sie freuten sich beide auf den Augenblick, wenn sie im Rampenlicht stehen und mit ihrer Meldung über diese gruselige Sache, über diesen angenehm unangenehmen Vorfall herausplatzen würden. Mrs. Morse war der Zugang zu einem Drama geworden. Nicht daß sie ihr Böses wünschten, sie hofften bloß, daß ihr Zustand auch wirklich ernst war und daß sie sie nicht hängenließ und bei der Rückkehr munter und normal war. Eine leichte Angst davor spornte sie an, gegenüber dem Arzt das letzte aus ihrer gegenwärtigen Lage herauszuholen. »Geht um Leben und Tod«, fiel Nettie aus ihrem schmalen Lesefundus ein. Sie erwog, den Arzt damit aufzurütteln.

Der Arzt war zu Hause und nicht gerade erfreut über die Störung. Er lag in einem blau-gelb-gestreiften Hausmantel auf dem Sofa und lachte mit einer dunkelhaarigen Schönheit, von deren Gesicht etwas billiger Puder abblätterte und die auf einem Arm lehnte. Halbleere Highball-Gläser standen daneben, und Hut und Mantel von ihr waren ordentlich aufgehängt worden in der offensichtlichen Erwartung auf einen langen Aufenthalt. »Immer ist irgendwas los«, brummte der Arzt. »Können einen einfach nicht in Ruhe lassen nach einem harten Arbeitstag.« Aber er warf ein paar Flaschen und Instrumente in einen Koffer, vertauschte seinen Hausmantel gegen sein Jackett und zog mit den beiden Schwarzen los.

»Mach voran, du großer Junge«, rief die Schönheit hinter ihm her. »Und bleib nicht die ganze Nacht.«

Der Arzt stampfte in Mrs. Morses Wohnung und sofort ins Schlafzimmer, Nettie und der Liftboy hinterdrein. Mrs. Morse hatte sich nicht gerührt; sie schlief noch genauso tief, aber inzwischen geräuschlos. Der Arzt sah sie scharf an, dann legte er seine Daumen in die Kuhlen über ihren Augäpfeln und drückte mit seinem ganzen Gewicht drauf. Ein hoher angewiderter Schrei brach aus Nettie hervor.

»Sieht aus, als wollt er die gleich durch die Matratze quetschen«, sagte der Liftboy. Er gluckste.

Mrs. Morse gab auch unter diesem Druck kein Lebenszeichen. Abrupt ließ der Arzt ab und riß mit einer schnellen Bewegung die Bettdecke bis ans Fußende. Mit der nächsten warf er ihr Nachthemd zurück und hob die dicken, weißen, mit winzigen irisfarbenen Venen schraffierten Beine an. Er kniff ein paarmal lange und grausam in ihre Kniekehlen. Sie wurde nicht wach.

»Was hat sie getrunken?« fragte er Nettie über die Schulter.

Mit der gewissen Schnelligkeit, die jemand hat, der genau weiß, wo man etwas anpacken muß, ging Nettie ins Badezimmer und schnurstracks auf den Schrank zu, in dem Mrs. Morse ihren Whisky aufbewahrte. Aber sie blieb sofort stehen, als sie die beiden Röhrchen mit den roten und weißen Etiketten vor dem Spiegel liegen sah. Sie brachte sie dem Arzt.

»Ach, du grundgütiger allmächtiger Strohsack!« sagte er. Er ließ Mrs. Morses Beine los und stieß sie ungeduldig quer über das Bett. »Was hat sie denn mit dem Quatsch vorgehabt? Ein mieser feiger Trick ist das, sonst gar nichts. Jetzt dürfen wir ihr den Magen auspumpen und die ganze Chose. Eine Landplage ist das, und weiter nichts. Los George, fahr mich runter. Du wartest hier, Mädchen. Die beißt nicht.«

»Sie stirbt mir doch nicht weg, nicht?« schrie Nettie.

»Nee«, sagte der Arzt. »Gott, nee. Die kriegst du nicht mal mit einer Axt tot.«

IV

Zwei Tage später kam Mrs. Morse wieder zu Bewußtsein, zuerst noch etwas benommen, aber dann so klarsichtig, daß auch die allmähliche, durchdringende Erbärmlichkeit wieder zum Vorschein kam.

»Mein Gott, mein Gott«, stöhnte sie, und Tränen über sich selbst und das ganze Leben rannen ihr über die Wangen.

Nettie kam wegen des Geräuschs ins Zimmer. Zwei Tage lang hatte sie die endlosen, häßlichen Pflichten erfüllt, mit denen man Bewußtlose pflegt, zwei Nächte lang hatte sie nur Bruchstückchen von Schlaf auf der Wohnzimmercouch bekommen. Sie warf einen kalten Blick auf die dicke, aufgedunsene Frau im Bett.

»Was hahm Sie denn vorgehabt, Mis' Morse?« sagte sie. »Was solln das geben, das ganze Zeuch schlucken?«

»Mein Gott«, stöhnte Mrs. Morse noch einmal und

versuchte, ihre Augen mit den Armen zu bedecken. Aber die Gelenke fühlten sich steif und brüchig an, und sie schrie vor Schmerz auf.

»Kann man doch nich machn, so Pillen schlucken«, sagte Nettie. »Sie können Ihrm guten Stern danken, daß sie überhaupt noch da sind. Wie fühln sich denn jetzt?«

»Oh, fabelhaft«, sagte Mrs. Morse. »Toll fühl ich mich.«

Die heißen, brennenden Tränen liefen, als wollten sie nie mehr aufhören.

»Kann man doch nich machn, immer nur weinen«, sagte Nettie. »Nachdem was Sie gemacht hahm. Der Doktor sagt, er hätt Sie dafür einsperren lassn könn. Is hier rumgesprungen wie'n Zinshahn.«

»Warum hat er mich nicht in Ruhe gelassen?« jammerte Mrs. Morse. »Warum zum Teufel hat er das nicht?«

»Das ja furchbah, Mis' Morse, so schimpfen und reden«, sagte Nettie. »Wo die Leute alles für Sie gemacht hahm. Hier, ich hab zwei Nächte kein Auge zugetan, zu meinen andern Damen bin ich auch nicht gekomm!«

»Oh, das tut mir leid, Nettie«, sagte sie. »Sie sind ein Goldstück. Es tut mir leid, daß ich Ihnen soviel Kummer gemacht habe. Ich konnte nicht mehr. Ich war einfach am Boden. Haben Sie nie das Gefühl, jetzt mach ich Schluß? Wenn einem einfach alles nur noch lausig vorkommt?«

»Würd ich nie dran denkn«, erklärte Nettie. »Sie müssn wieder fröhlich wern. Das müssen Sie. Probleme hahmse alle.«

»Ja«, sagte Mrs. Morse. »Ich weiß.«

»Da is ne hübsche Karte gekomm«, sagte Nettie. »Vielleicht wernse davon wieder munter.«

Sie gab Mrs. Morse eine Postkarte. Mrs. Morse mußte sich eine Hand über ein Auge halten, um sie zu entziffern; ihre Augen stellten die Brennweite noch nicht wieder richtig ein.

Die Karte war von Art. Auf der Rückseite eines Fotos vom Detroiter Athletic Club hatte er geschrieben: »Grüße und Glückwünsche. Hoffe, die schlechte Laune ist weg. Sei fröhlich und halt die Ohren steif. Bis Donnerstag.«

Sie ließ die Karte zu Boden fallen. Das Elend brach über ihr zusammen, wie wenn sie zwischen zwei dicken weichen Steinen klemmte. Vor ihr zog eine schleppende, schleppende Prozession von Tagen vorbei, Tage, die sie in ihrer Wohnung und im Liegen verbracht hatte, Abend bei Jimmy's, an denen sie kein Spielverderber gewesen war, an denen sie sich das Lachen abgerungen hatte, das Gurren vor diesem und all den anderen Arts; sie sah eine lange Parade von erschöpften Pferden und bibbernden Bettlern und lauter taumelnden, verprügelten und vorwärtsgetriebenen Sachen. Ihre Füße brannten, als klemmten sie in den viel zu kurzen champagnerbeigen Stöckelschuhen. Ihr Herz schien immer geschwollener und härter zu werden.

»Nettie«, schrie sie. »Um Himmelswillen, gießen Sie mir einen ein, ja?«

Das Mädchen schien Zweifel zu haben.

»Aber Sie wissn doch, Mis' Morse«, sagte sie, »Sie warn ja schon fast tot. Ich weiß gahnich, ob der Dokter, der läßt Sie doch jetz nix trinken.«

»Ach, lassen Sie den mal weg«, sagte sie. »Holen Sie

mir was zu trinken, und bringen Sie die Flasche mit. Nehmen Sie sich auch einen.«

»Naja«, sagte Nettie.

Sie schenkte für beide ein, ließ ihr Glas aber respektvoll im Badezimmer stehen, für später, und für sich allein, und brachte Mrs. Morse den Drink ans Bett.

Mrs. Morse sah in den Whisky und zuckte zurück vor dem Geruch. Vielleicht half er ja. Vielleicht riß einen, wenn man tagelang auf dem Trockendock gelegen hatte, der allererste Drink ja wieder hoch. Vielleicht wurde er ja wieder ihr Freund. Sie betete, ohne einen Gott anzusprechen, ohne einen Gott zu kennen. O bitte, bitte, er soll machen, daß sie wieder betrunken werden kann, er soll machen, daß sie immer betrunken bleibt.

Sie hob das Glas.

»Danke, Nettie«, sagte sie. »Und Hals- und Beinbruch.«

Das Mädchen kicherte. »So is recht, Mis' Morse«, sagte sie. »Jetzt wern Sie wieder munter.«

»Jawoll«, sagte Mrs. Morse. »Klar.«

»Detroit ist frei«, sagte die Stimme vom Amt.

»Hallo«, sagte die junge Frau in New York.

»Hallo?« sagte der junge Mann in Detroit.

»Oh, Jack!« sagte sie. »Oh, Liebling, wie wunderschön, dich zu hören. Du weißt ja nicht, wie sehr ich –«

»Hallo?« sagte er.

»Ja? Kannst du mich nicht hören?« sagte sie. »Aber wieso denn, ich höre dich, als ob du genau neben mir sitzt. Ist es so besser, Schatz? Kannst du mich jetzt hören?«

»Wen möchten Sie sprechen?« sagte er.

»Dich, Jack!« sagte sie. »Dich, dich. Hier ist Jean, Liebling. Ach bitte, versuch doch, mich zu hören. Hier ist Jean.«

»Wer?« sagte er.

»Jean«, sagte sie. »Erkennst du denn meine Stimme nicht? Hier ist Jean, Schatz. Jean.«

»Ach hallo, ja«, sagte er. »Du. Ja, du lieber Gott. Wie geht's dir denn?«

»Ganz gut«, sagte sie. »Das heißt, nein, gar nicht, Liebling. Ich – ach, es ist ganz furchtbar. Ich halte das nicht mehr aus. Kommst du denn gar nicht wieder? Bitte, wann kommst du zurück? Du weißt ja gar nicht, wie schrecklich es ist, ohne dich. Das geht jetzt schon so lange, Schatz – du hast doch gesagt, es wären nur vier, fünf Tage, und jetzt sind es schon fast drei Wochen. Es kommt mir vor wie Jahre. Ach, es ist so schrecklich, Liebling – es ist einfach –«

»Heh, tut mir ja furchtbar leid«, sagte er, »aber ich kann kein verdammtes Wort verstehen. Kannst du nicht lauter reden oder so?«

»Ich versuch's ja schon«, sagte sie. »So besser? Kannst du mich jetzt hören?«

»Hm – ja, jetzt geht's, ein bißchen«, sagte er. »Red nicht so schnell, ja? Was hast du eben gesagt?«

»Ich habe gesagt, es ist schrecklich ohne dich«, sagte sie. »Es dauert so lange, Schatz. Und ich habe kein Wort von dir gehört. Ich – oh, ich bin eben fast verrückt geworden, Jack. Nicht mal eine einzige Postkarte, Liebster, oder ein –«

»Ehrlich, ich hatte keinen Moment Zeit«, sagte er. »Ich hab gearbeitet wie ein Idiot. Mein Gott, ich bin nur im Druck.«

»Oh, wirklich?« sagte sie. »Das tut mir leid, Schatz. Es war albern von mir. Aber es war einfach – ach, es war einfach die Hölle, ohne irgendein Wort von dir. Ich dachte, du rufst vielleicht mal an und sagst mir gute Nacht, manchmal – weißt du, wie sonst auch, wenn du weg warst.«

»Wieso, das wollte ich auch, und zwar ziemlich oft« sagte er, »aber dann dachte ich, du bist vielleicht aus oder so.«

»Ich war nicht aus«, sagte sie. »Ich war immer hier, ganz allein. Es war – es ist besser so, irgendwie. Ich will niemand sehen. Alle fragen: ›Wann kommt denn Jack wieder?‹ und: ›Was hört man denn so von Jack?‹ und ich habe immer Angst, daß ich vor ihnen losheulen muß. Liebling, es tut so schrecklich weh, wenn sie nach dir fragen und ich dann sagen muß, ich –«

»Das ist die beschissenste Mistverbindung in meinem

ganzen Leben«, sagte er. »Was tut dir weh? Was ist denn los?«

»Ich habe gesagt, es tut schrecklich weh, wenn die Leute mich nach dir fragen«, sagte sie, »und ich muß dann sagen – Ach, laß nur. Laß doch jetzt. Wie geht es dir, Schatz? Erzähl, wie es dir geht.«

»Och, ganz nett«, sagte er. »Bin nur hundemüde. Und du, alles klar?«

»Jack, ich – das wollte ich dir ja gerade sagen«, sagte sie. »Ich mache mir furchtbare Sorgen. Ich verliere noch den Verstand. Oh, was soll ich denn bloß tun, Schatz, was sollen wir bloß tun? Oh, Jack, Jack, Liebling!«

»Heh, wie soll ich dich eigentlich hören, wenn du so nuschelst?« sagte er. »Kannst du nicht mal lauter reden? Sprich doch mal richtig in dies – wie heißt das Ding.«

»Ich kann's doch nicht durchs Telefon brüllen«, sagte sie. »Bist du nicht bei Sinnen? Weißt du denn nicht, was ich dir hier erzähle? Weißt du das gar nicht? Weißt du das gar nicht?«

»Ich geb's auf«, sagte er. »Erst nuschelst du, und dann schreist du. Sieh mal, das hat doch keinen Sinn. Ich verstehe nichts bei dieser elenden Verbindung. Warum schreibst du mir nicht einen Brief, gleich morgen früh? Mach das doch, ja? Und ich schreibe dir auch, ja?«

»Jack, hör zu, hör zu!« sagte sie. »Du hörst mir jetzt zu! Ich muß mit dir reden. Ich sage dir, ich bin fast verrückt. Bitte, Liebster, hör mir doch zu. Jack, ich –«

»Moment mal«, sagte er. »Da klopft jemand an der Tür. *Kommt rein. Ach du Scheibenhonig! Na los, rein, Jungs. Hängt die Mäntel in den Flur und setzt euch. Der Scotch steht im Schrank, und Eis ist da im Kübel. Fühlt euch ganz wie zu*

Hause – tut einfach, als wärt ihr in einer ganz normalen Kneipe. Bin gleich bei Euch. Hallo? Hör mal, hier ist gerade ein Rudel Wahnsinniger eingefallen, und ich kann mich sowieso nicht mehr konzentrieren. Du setzt dich morgen schön hin und schreibst mir einen Brief. Ja?«

»Dir einen Brief schreiben!« sagte sie. »Mein Gott, glaubst du etwa, ich hätte dir nicht schon längst geschrieben, wenn ich gewußt hätte, wo ich dich erreiche? Ich wußte ja nicht mal das, erst heute in deinem Büro haben sie es mir gesagt. Ich war ja so –«

»Ach ja, haben sie das?« sagte er. »Ich dachte, ich – *Heh, haltet mal die Luft an. Laßt mich auch mal zum Zug kommen. Das Gespräch hier kostet ne Stange Geld.* Sag mal, sieh mal, das kostet dich doch ein Vermögen. Das mußt du doch nicht machen.«

»Und du glaubst, das interessiert mich jetzt auch nur im geringsten?« sagte sie. »Ich sterbe, wenn ich jetzt nicht mit dir rede, Jack. Ich sage dir, ich sterbe. Liebster, was ist denn nur? Willst du gar nicht mit mir reden? Sag doch, warum bist du denn so ? Ist es – magst du mich wirklich nicht mehr? Ist es das? Gar nicht?«

»Verdammt, ich höre nichts«, sagte er. »Gar nicht – was?«

»Bitte«, sagte sie. »Bitte, bitte. Bitte, Jack, hör mir zu. Wann kommst du zurück, Liebling? Ich brauche dich. Ich brauche dich so sehr. Wann kommst du denn wieder?«

»Wieso, darum geht es ja gerade«, sagte er. »Das wollte ich dir ja morgen schreiben. *Heh da, wie wär's, wenn ihr mal eine Minute die Klappe haltet? Auch Witze haben mal Pause.* Hallo? Hörst du mich gut? Also, sieh mal, wie es sich entwickelt hat, sieht es fast so aus, als ob ich erst noch nach Chicago muß. Riecht nach ner ziemlich großen Sache, wäre auch nicht für sehr lange, glaube ich. Sieht so aus, als müßte ich wohl nächste Woche hin.«

»Jack, nein!« sagte sie. »Tu das nicht! Das kannst du doch nicht machen. Du kannst mich doch nicht so allein lassen. Ich muß dich sehen, Liebling. Ich muß einfach. Du mußt zurückkommen, oder ich muß da zu dir kommen. Ich halte das nicht durch, Jack, ich kann nicht. Ich –«

»Hör mal, laß uns jetzt mal lieber gute Nacht sagen«, sagte er. »Hat doch keinen Sinn, daß ich mir solche Mühe gebe, dich zu verstehen, wenn du ewig so ein Zeug redest. Hier ist auch viel zu viel Trara – *Heh, macht doch mal halblang, okay? Mein Gott, ist das furchtbar. Soll ich aus der Wohnung fliegen?* Du gehst dich jetzt erstmal schön ausschlafen, und ich schreib dir morgen alles genau auf.«

»Hör zu!« sagte sie. »Jack, du gehst jetzt nicht weg! Hilf mir, Liebling. Sag irgendwas, damit ich die Nacht überstehe. Sag, daß du mich liebst, um Gotteswillen, sag, daß du mich noch liebst. Sag es. Sag es.«

»Du, ich kann jetzt nicht reden«, sagte er. »Das ist ja grausam hier. Ich schreibe dir morgen früh, gleich als erstes. Mach's gut. Danke für den Anruf.«

»Jack!« sagte sie. »Jack, geh nicht weg. Jack, warte doch mal. Ich muß mit dir reden. Ich will auch ruhig reden. Und nicht weinen. Ich will so sprechen, daß du mich verstehst. Bitte, Schatz, bitte –«

»Fertig mit Detroit?« sagte die Stimme vom Amt.

»Nein!« sagte sie. »Nein, nein, nein! Geben Sie ihn mir, geben Sie ihn mir sofort wieder! Stellen Sie durch. Nein, macht gar nichts. Macht jetzt überhaupt nichts. Gar nichts –«

Gefällt mir hier, Fred. Wirklich nett hier. Wie hast du denn die aufgetan? Ich finde dich einfach herrlich – entdeckst eine neue Flüsterkneipe, im Jahre 1928. Und die lassen dich einfach so rein, ohne eine einzige Frage. Wetten, daß du sogar in die U-Bahn kämst ohne irgendwelche Empfehlung, was, Fred?

Ah ja, gefällt mir immer besser hier, je mehr sich meine Augen daran gewöhnen. Aber laß dir nicht erzählen, diese Beleuchtung wäre ihre Idee, Fred; die haben sie aus dem *Mammoth Cave*. Das bist du doch, was hier neben mir sitzt, nicht, Fred? Na, mich kannst du nicht zum Narren halten. *Das* Knie erkenn ich überall.

Weißt du, was mir an dieser Kneipe gefällt? Sie hat Atmosphäre. Die hat sie. Wenn du den Kellner fragen könntest, ob er mal ein ordentlich scharfes Messer hat, dann könnte ich mir ein hübsches Scheibchen abschneiden von dieser Atmosphäre und mit nach Hause nehmen. Wär doch was für mein Erinnerungsalbum. Ich lege nämlich ab morgen ein Erinnerungsalbum an. Darf ich nicht vergessen.

Was denn? Ich weiß nicht, Fred – was nimmst du denn? Dann möchte ich, glaube ich, auch einen *Highball*; aber bitte nur ein kleines Schlückchen. Ist das richtiger Scotch? Also, das ist eine ganz neue Erfahrung für mich. Du solltest mal sehen, was für Scotch ich zu Hause im Schrank stehen habe; heute morgen stand er jedenfalls noch da – aber vermutlich hat er inzwischen schon die Flasche weggeätzt. Ich hab ihn zum Geburtstag geschenkt gekriegt. Na, das war doch mal was. Das einzige, was ich zum vorletzten Geburtstag geschenkt gekriegt habe, war noch ein Jahr drauf.

Das ist ja ein toller *Highball*, was? Tja, ja, ja, das muß man sich mal vorstellen, ich und richtiger Scotch; jetzt sitz auch ich endlich nicht mehr auf der Ersatzbank. Nimmst du denn noch einen? Also, ich würde ungern zusehen, wie du allein vor dich hin trinkst, Fred. Einsame Säufer stellen die Hälfte der Verbrecher in diesem Land. Daran scheitert nämlich die ganze Prohibition. Aber bitte, Fred, sag ihm, für mich nur ein kleines Glas. Er soll ihn bloß nicht so stark machen; einfach Spitzen-Scotch.

Bin ganz gespannt, wie echter Whisky wirkt, wenn man nur die schlichteren Formen des Amüsements gewohnt war. Es wird dir gefallen, Fred. Du bleibst doch bei mir, wenn irgendwas passiert, nicht? Ich glaube nicht, daß es dramatisch wird, aber um eins möchte ich dich bitten, nur für den Fall. Paß auf, daß ich keine Pferde mit nach Hause nehme. Streunende Hunde und kleine Katzen sind nicht so schlimm, aber die Liftboys schnappen immer so ein, wenn man ein Pferd mitbringt. Das könntest du allmählich mitgekriegt haben, Fred. Man merkt auch immer, daß es gleich knallt, wenn ich anfange, zärtliche Gefühle für Unsere Stummen Freunde zu entwickeln. Drei *Highballs*, und ich denke, ich bin der Heilige Franz von Assisi.

Aber ich glaube eigentlich, daß sie mir gar nichts ausmachen. Weil sie aus dem echten Zeug sind. Da liegt nämlich der Unterschied. Von diesem hier geht es einem bloß gut. Ach ja, mir geht es hervorragend, Fred. Dir auch, was? Wußte ich's doch, du siehst nämlich besser aus. Ich liebe den Schlips, den du da umhast. Oh, hat Edith dir geschenkt Na, war das nicht nett von ihr? Weißt du, Fred, die meisten Leute sind ja schrecklich nett. Es gibt nur ganz wenige, die nicht von Herzen feine Kerle sind. Dein Herz ist auch groß und schön, Fred. Du wärst der Erste, an den ich mich wenden würde, wenn ich Ärger hätte. Ich glaube, du bist so ungefähr der beste Freund, den ich auf der Welt habe. Aber ich mache mir Sorgen über dich, Fred. Ja, die auch. Ich finde, du achtest nicht genug auf dich. Du solltest mehr auf dich achten, um deiner Freunde willen. Du solltest nicht dieses entsetzliche Zeug trinken, das jetzt im Umlauf ist; du bist es deinen Freunden schuldig, vorsichtig zu sein. Es macht dir doch nichts aus, wenn ich dir das so sage, nicht? Mein Lieber, ich tu's ja nur, weil ich dein Freund bin und nicht mitansehen kann, daß du nicht auf dich achtest. Es tut mir weh zuzusehen, wenn du dich so herumtreibst wie in letzter Zeit. Halt dich doch an diese Kneipe, da haben sie richtigen Scotch, der kann dir nichts tun. Oh, Liebling, findest du wirklich, ich sollte? Aber sag du ihm, nur noch ein ganz kleines. Sag's ihm, Schatz.

Bist du oft hier, Fred? Ich würde mir nicht solche Sorgen machen, wenn ich wüßte, du bist an einem sicheren Ort wie dem hier. Ach, hier warst du Donnerstag abend? So so. Was denn, nein, das war doch völlig egal, nur, du hattest mich gebeten, dich anzurufen, und ich Idiot habe extra eine Verabredung sausen lassen, bloß weil ich dachte, ich treffe dich. Der Gedanke kam irgendwie ganz natürlich, als du sagtest, ich sollte dich anrufen. Du lieber Gott, nun mach doch jetzt nicht solchen Wirbel darum. Es war mir wirklich vollkommen egal. Ich fand es nur nicht besonders freundschaftlich, das ist alles. Ich weiß nicht – ich hatte gedacht, wir wären wirklich gute Freunde. Ich bin furchtbar dämlich in bezug auf Freunde, Fred. Dabei gibt es gar nicht viele Leute, die von ganzem Herzen Freunde sind. Im Grunde würden sie einen alle übers Ohr hauen. Doch, würden sie.

War Edith Donnerstag abend hier mit dir? Naja, steht ihr ja. Abgesehen von einem Bergwerk untertags kann ich mir keinen Ort vorstellen, wo das Licht schmeichelhafter wäre für ihre Visage. Kennst du wirklich viele Leute, die behaupten, daß sie gut aussieht? Du suchst dir deine Bekannten wohl unter den Hornhautgeschädigten, was, Freddie-Schatz? Wieso denn, gar nichts bin ich – es ist bloß einfach so, entweder man kann gucken oder eben nicht. Also für mich sieht Edith aus wie ein Etwas, das seine Jungen frißt. Gut gekleidet? *Edith* gut gekleidet? Willst du mich veräppeln, Fred, in meinem Alter? Ist das dein Ernst? Du lieber Gott. Du meinst im Ernst, was sie anhat, ist *Absicht?* Du lieber Himmel, ich dachte immer, sie kommt gerade aus einem brennenden Haus herausgerannt.

Also schön, das Leben ist zum Lernen da. Edith ist gut gekleidet. Edith hat Geschmack! Jawohl, einen bezaubernden Geschmack für Schlipse. Vermutlich darf ich das über eine so liebe Freundin von dir gar nicht sagen, Fred, aber sie hat den lausigsten Schlipsgeschmack, den ich je gesehen habe. Ich habe noch nie etwas gesehen, was an dieses Ding da rankommt, das du um den Hals hast. Von mir aus, dann habe ich eben gesagt, daß er mir gefällt. Das habe ich nur gesagt, weil du mir leid getan hast. Mir würde jeder leid tun, der sowas umhat. Ich wollte nur, daß du dich wohlfühlst, ich hatte nämlich gedacht, du wärst mein Freund. Mein Freund! Aber ich habe keinen einzigen Freund auf der Welt. Weißt du das, Fred? Keinen einzigen Freund auf der ganzen Welt.

Na und, was geht dich das an, ob ich weine. Ich kann weinen, wann ich will, oder? Du würdest ja wohl auch weinen, wenn du keinen Freund auf der Welt hättest. Sieht mein Gesicht sehr schlimm aus? Bestimmt ist wieder die ganze Wimperntusche verlaufen. Ich darf keine Wimperntusche mehr nehmen, Fred; das Leben ist zu traurig. Ist das Leben nicht schrecklich? Oh mein Gott, ist das Leben nicht entsetzlich? Nein, nicht weinen, Fred. Bitte – nicht. Mach dir nichts draus. Das Leben ist schlimm, aber achte doch nicht drauf. Du hast ja Freunde. Ich bin es, die keine hat. So bin ich eben. Nein, ich bin es. Ich bin diejenige.

Ich glaube nicht, daß es mir mit noch einem besser geht. Ich weiß auch gar nicht, ob ich überhaupt will, daß es mir besser geht. Wozu soll es einem gut gehen, wenn das Leben so schlimm ist? Oh, naja, also dann. Aber bitte sag ihm, nur ein kleines, wenn es nicht zuviel Umstände macht. Ich möchte nicht mehr lange bleiben. Diese Kneipe ist nichts für mich. So düster und muffig. Genau die Sorte, nach der Edith verrückt wäre – mehr habe ich dazu nicht zu sagen. Ich weiß, ich sollte über deine beste Freundin nicht reden, Fred, aber sie ist schlimm. Diese Frau ist die größte Laus auf der ganzen Welt. Es tut mir weh, daß du der traust. Und ich kann nicht mitansehen, wenn dich jemand reinlegt. Ich kann nicht mitansehen, wenn dir jemand wehtut. Nur deshalb geht es mir doch so schlimm. Deshalb läuft mir die Wimperntusche übers ganze Gesicht. Nein, nicht, Fred, bitte. Du darfst nicht meine Hand halten. Das wäre nicht fair gegenüber Edith. Wir müssen fair sein zu dieser Riesenlaus. Immerhin ist sie ja deine beste Freundin, oder?

Ehrlich? Meinst du das ehrlich, Fred? Ja, sicher, aber woher hätte ich das denn wissen sollen, wenn du die ganze Zeit mit ihr zusammenbist – wenn du sie jeden Abend hierherbringst? Wirklich, nur Donnerstag? Oh, ich weiß – ich weiß genau, wie das ist. Man kann einfach nicht anders, wenn jemand so an einem klebt. Herrgott, bin ich froh, daß du auch merkst, wie furchtbar diese Frau ist. Ich war sehr besorgt darüber, Fred. Weil ich nämlich dein Freund bin. Wieso, natürlich bin ich das, Liebling ... Das weißt du doch. Ach, das ist doch albern, Freddie. Du hast Berge von Freunden. Nur, einen besseren als mich wirst du nicht finden. Nein, ich weiß das. Ich weiß auch, daß ich nie einen finde, der besser zu mir ist als du. Gib mir mal eben meine Hand wieder, nur eine Sekunde, bis ich diese verdammte Wimperntusche aus dem Auge habe.

Ja, ich finde, das sollten wir, Schatz. Ich finde, wir sollten eins trinken, auf unsere Freundschaft. Nur ein kleines, weil es richtiger Scotch ist und wir richtige Freunde sind. Freunde sind doch schließlich das Tollste auf der Welt, nicht, Fred? Siehst du, jetzt geht es dir gut, weil du weißt, du hast einen Freund. Mir geht es phantastisch, dir auch, Schatz? Du siehst auch phantastisch aus. Ich bin stolz, dich zum Freund zu haben. Begreifst du, Fred, was für einen Seltenheitswert Freunde haben, wenn man an all die furchtbaren Leute auf der Welt denkt? Tiere sind viel besser als Leute. Ach Gott, ich liebe Tiere. Das gefällt mir ja an dir so, Fred. Du magst Tiere so gern.

Hör mal, ich sage dir, was wir jetzt machen, wenn wir noch ein kleines Glas getrunken haben. Laß uns hier raus und viele viele streunende Hunde einsammeln. Ich konnte nie genug Hunde haben, du etwa? Wir brauchen mehr Hunde. Vielleicht finden wir ja auch ein paar Katzen, wenn wir uns umsehen. Und ein Pferd, ja, ich hatte noch nie ein Pferd, Fred. Ist das nicht elend? Nicht ein einziges Pferd. Ach ja, ein nettes altes Droschkenpferd hätte ich so gern, Fred. Du nicht auch? Ich würde es so gern pflegen und ihm die Haare kämmen und alles. Ach, sei doch nicht eingeschnappt, Fred, bitte nicht. Ich brauche ein Pferd, ganz ehrlich. Hättest du nicht auch gern eins? Ach, das wäre so süß und lieb. Komm, wir trinken noch eins, und dann gehen du und ich und holen uns ein Pferdchen, Freddie – nur ein kleines, ... Liebling, ein ganz kleines.

★★★★ AUS DEM TAGEBUCH EINER NEW YORKER LADY ★★★★

Tage voller Angst und Schrecken, die die Welt verändern

Montag. Frühstückstablett gegen elf; wollte gar nicht. Der Champagner gestern nacht bei Amorys war eine *Zumutung*; aber was soll man machen? Man kann ja auch nicht bis fünf Uhr morgens mit *gar nichts* da sitzen. Sie hatten diese göttlichen ungarischen Musiker mit den grünen Röcken, und Stewie Hunter hat sich die Schuhe ausgezogen und damit dirigiert, *sowas* von komisch. Er ist doch die drolligste Nummer auf der ganzen Welt; einfach der *Gipfel*. Ollie Martin hat mich nach Hause gebracht, und wir sind beide im Auto eingeschlafen – zum Schreien. Miss Rose kam gegen Mittag wegen der Nägel, buchstäblich randvoll mit dem göttlichsten Klatsch. Die Morris' trennen sich jede Minute, und Freddie Warren hat endgültig Magengeschwür, und Gertie Leonard kriegt ihre Augen einfach nicht von Bill Crawford, obwohl Jack Leonard im selben Raum ist, und das mit Sheila Phillips und Babs Deering stimmt *alles*. *Sowas* von aufregend. Miss Rose ist ja zu herrlich; finde wirklich, oft sind solche Leute viel aufgeweckter als die meisten anderen Leute. Habe erst als sie weg war gemerkt, daß die blöde Ziege mir die Nägel in dieser Zumutung von Orange lackiert hat; *sowas* von wütend. Ein Buch angefangen, aber zu nervös. Telefoniert und doch noch zwei Karten für die Premiere von »Run Like A Rabbit« heute abend bekommen, achtundvierzig Dollar. Die haben *Nerven*, habe ihnen den Marsch geblasen, aber was soll man machen? Glaube, Joe hat etwas von draußen essen gesagt, also habe ich ein paar göttliche junge Herren durchtelefoniert, damit jemand ins Theater mitkommt, aber alle hatten schon was vor. Ollie Martin schließlich konnte. *Sowas* von *graziös*, und was geht es *mich* an, wenn *er* einer ist? Kann mich überhaupt nicht entscheiden, ob ich das Grüne aus Crêpe oder das Rote aus Wolle anziehen soll. Wenn ich auf meine Nägel sehe, könnte ich jedesmal ausspucken. Verdammte Miss Rose.

Dienstag. Joe kam heute morgen in mein Zimmer getorkelt, um sage und schreibe *neun Uhr. Sowas* von empört. Fing Streit an, aber zu kaputt. Weiß nur noch, daß er abends zum Essen nicht zu Hause sein wollte. Unsagbar kalt, den ganzen Tag; konnte mich nicht rühren. Gestern wirklich der Gipfel. Ollie und ich zum Essen in der Achtunddreißigsten East, unsagbare Giftküche, und kein lebendes Wesen da, mit dem man auch nur als Leiche zusammen gesehen werden möchte, und »Run Like A Rabbit« eine Weltpleite. Habe Ollie danach mit zu der Party bei den Barlows genommen, sowas von bezaubernd – mehr ausgesprochene Stinktiere auf einem Haufen *gibt's* ja nicht. Sie hatten diese Ungarn mit den grünen Röcken, und Stewie Hunter hat dirigiert, mit einer Gabel – einfach zum Totlachen. Er hatte Kilometer grünes Toilettenpapier um den Hals, wie diese hawaiianischen Blumengirlanden; *sowas* von Glanzleistung. Habe einen wirklich Neuen kennengelernt, sehr groß, zu herrlich; einer wo man sich auch mal ernsthaft mit unterhalten kann. Habe ihm gesagt, das alles hier *ennuyiert* mich manchmal derart, daß ich am liebsten aufjaulen würde, und daß ich das Gefühl habe, ich müßte dringend etwas machen wie Schreiben oder Malen. Er sagte, dann sollte ich doch schreiben oder malen. Bin allein nach Hause; Ollie war völlig über den Jordan. Heute dreimal den Neuen angerufen, ob er zu mir zum Essen kommt und hinterher in die Premiere von »Never Say Good Morning« mitgeht, aber erst war er nicht da, und dann hatte er schon was vor, mit seiner Mutter. Ollie Martin schließlich konnte. Versucht, ein Buch anzufangen, konnte aber nicht stillsitzen. Kann mich nicht entscheiden, ob ich das Rote aus Spitze oder das mit der Feder in Rosé anziehen soll. Fühle mich völlig erschöpft, aber was soll man machen?

Mittwoch. In *dieser Minute* ist das Allerschrecklichste passiert. Mir ist ein Nagel *komplett abgebrochen*. Das ist ausgesprochen das Schlimmste, was mir je im Leben passiert ist. Habe Miss Rose angerufen, sie soll sofort rüberkommen und ihn mir zurechtfeilen, aber die ist den ganzen Tag unterwegs. Ich habe aber auch wirklich das größte Pech der Welt. Jetzt muß ich den ganzen Tag und die ganze Nacht so herumlaufen, aber was soll man machen? Verdammte Miss Rose. Gestern nacht sehr ausgelassen. »Never Say Good Morning« abscheulich, nie so scheußliche Kostüme auf einer Bühne gesehen. Habe Ollie zu der Party bei den Ballards mitgenommen; der Gipfel. Sie hatten diese Ungarn mit den grünen Röcken, und Stevie Hunter hat dirigiert, mit einer Fresie – zum Schreien. Er hatte Peggy Coopers Hermelinmantel und Phyllis Mintons Silberturban an; un*glaub*lich. Habe einen Haufen *göttlicher* Leute für Freitag abend zu mir eingeladen; bekam die Adresse von diesen

Ungarn mit den grünen Röcken von Betty Ballard. Sie sagt, man braucht sie bloß bis vier zu engagieren, wenn ihnen dann irgendwer nochmal dreihundert Dollar reicht, bleiben sie auch bis fünf. *Sowas* von preisgünstig. Mit Ollie auf den Heimweg, mußte ihn aber bei sich absetzen; sowas von schlecht, wie ihm war. Heute den Neuen angerufen, ob er zum Essen kommt und hinterher in die Premiere von »Everybody Up« mitgeht, aber er hatte schon was vor. Joe wird ausgehen; hatte natürlich nicht die Güte, mir zu sagen wohin. Angefangen, die Zeitungen durchzublättern, aber nichts drin, außer daß Mona Wheatley in Reno auf unzumutbare Grausamkeit klagt. Jim Wheatley angerufen, ob er heute abend schon was vor hat; er hat. Ollie Martin schließlich konnte. Kann mich nicht entscheiden, ob ich das Weiße aus Satin oder das Schwarze aus Chiffon oder das Gelbe aus Borkencrêpe anziehen soll. Dieser Fingernagel geht mir durch Mark und Pfennig. Nicht zum Aushalten. Kenne *niemanden*, dem solche Un*glaub*lichkeiten passieren.

Donnerstag. Klappe buchstäblich im Stehen zusammen. Gestern nacht zu herrlich. »Everybody Up« einfach göttlich, *sowas* von schlüpfrig, und der Neue war auch da, einfach himmlisch, hat mich allerdings nicht gesehen. Hatte Florence Keeler dabei in diesem unsäglichen Schiaparelli-Modell, das nun wirklich schon *jede* kleine Ladenmieze angehabt hat seit der Schöpfung. Der Neue muß ja wahnsinnig sein; die guckt doch *keinen* Mann an. Habe Ollie zu der Party bei den Watsons mitgenommen; *sowas* von Kitzel. Alle ausgesprochen voll. Sie hatten diese Ungarn mit den grünen Röcken, und Stevie Hunter hat dirigiert, mit einer Lampe, und als die Lampe kaputtging, haben er und Tommy Thomas getanzt – *adagio*; einfach wundervoll. Jemand erzählte, daß Tommys Arzt gesagt hat, daß Tommy unbedingt sofort aus der Stadt raus muß, er hat den kaputtesten Magen der Welt, merkt aber kein Mensch. Allein nach Hause, konnte Ollie nirgends finden. Miss Rose kam mittags zum Feilen, *sowas* von bezaubernd. Sylvia Eaton kann ohne Spritze gar nicht mehr aus dem Haus gehen, und Doris Mason weiß *alles* bis ins *Kleinste* über Douggie Mason und die Kleine oben in Harlem, und kein Mensch kriegt Evelyn North von diesen drei Akrobaten weg, und keiner traut sich, Stuyvie Raymond mal zu stecken, was mit ihm los ist. Kenne niemanden, der ein so bezauberndes Leben führt wie Miss Rose. Habe mir diesen gemeinen orangefarbenen Lack abmachen und dunkelroten auftragen lassen. Habe erst als sie weg war, gemerkt, daß er bei elektrischem Licht praktisch schwarz ist; *sowas* von erledigt. Verdammte Miss Rose. Joe hat einen Zettel hinterlassen, daß er heute außerhalb ißt, habe also den Neuen angerufen, ob er zum Essen kommt und hinterher in diesen neuen Film mitgeht, aber er hat nicht abgenommen. Habe ihm drei Telegramme geschickt, daß ich morgen *unbedingt fest* mit ihm rechne. Ollie Martin schließlich kann heute abend. Zeitungen durchgeblättert, aber nichts drin, außer daß Harry Motts und Gattin Sonntag einen Tanztee mit ungarischer Musik geben. Werde wohl den Neuen bitten, mich zu begleiten; sie wollten mich bestimmt einladen. Ein Buch angefangen, aber zu erschöpft. Kann mich nicht entscheiden, ob ich das neue Blaue mit der weißen Jacke anziehen oder ob ich es für morgen aufheben und heute das Elfenbeinfarbene aus Moiré nehmen soll. Mir bricht jedesmal einfach das Herz, wenn ich an meine Nägel denke. *Sowas* von wütend. Könnte Miss Rose umbringen, aber was soll man machen?

Freitag. Liege völlig darnieder; *sowas* von alle. Gestern nacht einfach göttlich, der Film einfach tödlich. Habe Ollie zu der Party bei den Kingslands mitgenommen; einfach un*glaub*lich, alle hackevoll. Sie hatten diese Ungarn mit den grünen Röcken, aber Stewie Hunter war nicht da. Hatte einen *totalen* Nervenzusammenbruch. Und ich krank vor Sorge, daß er bis am Abend nicht wieder auf die Beine kommt; werde ihm niemals verzeihen, wenn er nicht dabei ist. Aufbruch mit Ollie, habe ihn bei sich abgesetzt; hörte gar nicht mehr auf zu heulen. Joe hat den Butler ausrichten lassen, daß er heute nachmittag übers Wochenende aufs Land fährt; hat sich natürlich nicht bequemt zu sagen, auf *welches* Land. Habe haufenweise reizende Herren durchtelefoniert, ob jemand zu mir zum Essen kommt und hinterher in die Premiere von »White Man's Folly« mitgeht und danach noch irgendwo ein bißchen tanzen; ist doch eine Zumutung, auf der eigenen Party die erste zu sein. Alle hatten schon was vor. Ollie Martin schließlich konnte. Sowas von deprimiert; hätte *niemals* auch nur in die *Nähe* von Champagner und Scotch auf einmal kommen dürfen. Ein Buch angefangen, aber keine Ruhe. Anne Lyman angerufen, wollte mich nach dem neuen Baby erkundigen, konnte mich aber *partout* nicht mehr erinnern, ob es ein Junge oder ein Mädchen war – muß *unbedingt* nächste Woche eine Sekretärin haben. Anne war aber *sowas* von Hilfe; sagte sofort, sie wüßte noch nicht, ob es Patricia oder Gloria heißen sollte, und damit wußte ich auf der Stelle, daß es tatsächlich ein Mädchen ist. Habe Barbara vorgeschlagen; hatte ganz vergessen, daß sie schon eine Barbara hat. Den ganzen Tag wie ein Panther hin und her geschlichen. Könnte *aus*spucken, wenn ich an Stewie Hunter denke. Habe keine Nerven, mich zu entscheiden, ob ich das Blaue mit der weißen Jacke oder das Violette mit den beigen Rosen anziehen soll. Jedesmal, wenn ich auf diese Zumutung von schwarzen Nägeln gucke, möchte ich *nur noch* aufjaulen. Von *allen* Leuten auf der *ganzen* Welt passieren mir wirklich die *aller*scheußlichsten Sachen. Verdammte Miss Rose.

Mr. Murdock gehörte zu denen, die Stücken und Spielern keinerlei Überschwang entgegenbringen, und das war sehr schade, denn beide bedeuteten soviel für die kleine Mrs. Murdock. Sie geriet stets in einen Zustand inbrünstiger Erregung über jene strahlenden, freien, passionierten Auserwählten, die sich dem Theater verschrieben haben. Und stets hatte sie, gemeinsam mit der Menge, an den großen öffentlichen Altären ihre Verehrung dargebracht. Es stimmte, einmal, als sie noch ein ganz kleines Mädchen gewesen war, hatte sie sogar aus lauter Liebe einen Brief an Miss Maude Adams geschrieben, der mit »Liebster Peter« begann, und sie hatte von Miss Adams einen Miniaturfingerhut mit der Inschrift »Ein Kuß von Peter Pan« zurückbekommen. (Was für ein Tag!) Und einmal, als ihre Mutter sie in den Ferien zum Einkaufen mitgenommen hatte, war ein Wagenschlag aufgerissen worden, und direkt an ihr vorbeigerauscht, *sooo* dicht, war ein Wunderwesen aus Zobel und Veilchen und dicken roten Locken, die sich in der Luft zu kringeln schienen; und fortan war sie so gut wie sicher, daß sie einmal keinen Schritt weit entfernt von Miss Billie Burke gestanden hatte. Bis ungefähr drei Jahre nach ihrer Hochzeit waren das allerdings ihre einzigen persönlichen Erfahrungen mit der Welt aus Rampenlicht und Gloria geblieben.

Dann stellte sich heraus, daß Miss Noyes, ein Neuling im Bridge-Club der kleinen Mrs. Murdock, eine Schauspielerin kannte. Sie kannte tatsächlich eine Schauspielerin, so wie unsereiner Kochrezeptsammlerinnen oder Hobbygärtnerinnen oder Nähkunstamateurinnen kennt.

Die Schauspielerin hieß Lily Wynton, ein berühmter Name. Sie war groß und gemessen und silberfein; oft trat sie als Gräfin auf oder als Lady Pam oder Ehrenwerte Moira. Die Kritiker nannten sie häufig »die Grande Dame unserer Bühnen«. Mrs. Murdock hatte jahrelang Matineen mit den Wynton-Triumphen besucht. Aber der Gedanke, daß sie eines Tages Gelegenheit haben könnte, Lily Wynton von Angesicht zu Angesicht zu begegnen, wäre ihr genauso wenig gekommen wie der – naja, wie die Idee zu fliegen!

Obwohl, verwunderlich war es eigentlich nicht, daß sich Miss Noyes so zwanglos in der Glamourwelt bewegte. Miss Noyes steckte selbst voller Abgründe und Geheimnisse, sie konnte sogar mit einer Zigarette zwischen den Lippen reden. Immer war sie mit etwas Schwierigem beschäftigt, zum Beispiel ihre eigenen Pyjamas zu entwerfen oder Proust zu lesen oder aus Plastilin Torsi zu modellieren. Sie spielte ausgezeichnet Bridge. Sie mochte die kleine Mrs. Murdock. »Häschen« nannte sie sie.

»Wie wär's morgen zum Tee bei mir, Häschen? Lily Wynton will auch vorbeischneien«, sagte sie während einer, darob denkwürdigen, Bridgepartie. »Sie möchten sie vielleicht gern mal kennenlernen.«

Die Wörter kamen so leicht daher, daß sie ihr Gewicht sicher nicht bemerkt hatte. Lily Wynton kam zum Tee. Mrs. Murdock mochte sie vielleicht gern mal kennenlernen. Die kleine Mrs. Murdock schlenderte heimwärts durch die frühe Dunkelheit, und am Himmel über ihr sangen die Sterne.

Mr. Murdock war schon zu Hause, als sie kam. Es bedurfte nur eines Blicks, um zu wissen, daß für ihn an diesem Abend der Himmel nicht voller singender Sterne hing. Er saß über dem aufgeschlagenen Wirtschaftsteil der Zeitung, und Bitterkeit hatte sein Gemüt in Beschlag genommen. Es war nicht der Augenblick, ihm freudestrahlend von Miss Noyes verlockender Einladung zu erzählen; das heißt, nicht der Augenblick für den ersehnten, überbordenden, brausenden Beifall. Mr. Murdock konnte Miss Noyes nicht leiden. Wenn er gedrängt wurde, den Grund zu nennen, antwortete er nur, er könne sie eben einfach nicht leiden. Bei Gelegenheit fügte er hinzu, und zwar mit einer Handbewegung, die eine gewisse Bewunderung heischte, daß ihn all diese Frauen krank machten. Gewöhnlich sparte Mrs. Murdock, wenn sie ihm von dem bescheidenen Treiben des Bridge-Clubs berichtete, Miss Noyes einfach aus. Sie hatte festgestellt, daß diese kleine Auslassung den Abend angenehmer gestaltete. Aber jetzt war sie so überwältigt von dieser funkensprühenden Erregung, daß sie, kaum hatte sie ihn geküßt, ihre Geschichte loswerden mußte.

»Oh, Jim«, rief sie. »Oh, wie findest du das! Hallie Noyes hat mich morgen zum Tee zu sich gebeten, und ich soll Lily Wynton kennenlernen!«

»Wer ist Lily Wynton?« fragte er.

»Ach, Jim«, sagte sie. »Also wirklich, Jim. Wer ist Lily Wynton! Gleich behauptest du noch, du wüßtest nicht, wer Greta Garbo ist.«

»So ne Schauspielerin oder was?« sagte er.

Mrs. Murdock ließ die Schultern sinken. »Ja, Jim«, sagte sie. »Ja. Lily Wynton ist Schauspielerin.«

Sie nahm ihre Tasche und ging langsam auf die Tür zu.

Aber bevor sie drei Schritte weit gekommen war, hatte der Funkenwirbel sie wieder übermannt. Sie drehte sich um, und ihre Augen glänzten.

»Im Ernst«, sagte sie, »das war das Komischste, was man im Leben gehört hat. Wir hatten gerade den letzten Robber fertig – ach, ich hab dir noch gar nicht erzählt, daß ich drei Dollar gewonnen habe, bin ich nicht gut? –, da sagt Hallie Noyes zu mir: ›Kommen Sie doch morgen zum Tee. Lily Wynton will auch vorbeischneien‹ sagt sie. Einfach so, sagt sie. Als wär's irgendwer.«

»Vorbeischneien?« sagte er. »Wie kann denn jemand *vorbei*schneien?«

»Also, ich weiß gar nicht mehr, was ich gesagt habe, als sie mich fragte«, sagte Mrs. Murdock. »Ich glaube, ich habe gesagt, aber gern – das muß ich wohl gesagt haben. Aber ich war einfach so – Na, du weißt ja, was ich immer für Lily Wynton empfunden habe. Du, als kleines Mädchen hab ich Bilder von ihr gesammelt. Und gesehen habe ich sie in, ach, in allem, was sie je gespielt hat, glaub ich jedenfalls, und jedes Wort über sie habe ich gelesen, Interviews, alles. Wirklich und wahrhaftig, wenn ich mir vorstelle, sie zu *treffen* – Oh, ich glaube, ich sterbe. Was soll ich denn bloß zu ihr sagen?«

»Du kannst sie ja fragen, ob sie nicht zur Abwechslung mal *auf- und davon*schneien möchte«, sagte Mr. Murdock.

»Schon gut, Jim«, sagte Mrs. Murdock. »Wenn du das so siehst.«

Matt ging sie zur Tür, und diesmal war sie dort, bevor sie sich umdrehte. Kein Leuchten lag in ihren Augen.

»Es – es ist nicht besonders nett«, sagte sie, »jemandem die Freude zu verderben. Ich war so selig. Du begreifst gar nicht, was es mir bedeutet, Lily Wynton zu treffen. Solche Leute zu treffen und mal zu gucken, wie die so sind, und zu hören, was die so reden, und sie vielleicht kennenzulernen. Solche Leute bedeuten – naja, sie bedeuten mir eine Menge. Die sind anders. Die sind nicht wie ich. Wen sehe ich denn sonst? Was höre ich denn? Mein Leben lang habe ich mich gefragt – habe ich fast darum gebetet, daß ich eines Tages – Nun ja. Schon gut, Jim.«

Sie ging hinaus und in ihr Schlafzimmer.

Mr. Murdock blieb allein mit seiner Zeitung und seiner Bitterkeit. Aber er redete laut.

»›Vorbeischneien‹«, sagte er. »›Vorbeischneien‹, um Gotteswillen!«

Die Murdocks aßen nicht gerade schweigend, aber doch ausgesprochen leise zu Abend. Daß Mr. Murdock still war, hatte etwas Gezwungenes; aber die kleine Mrs. Murdock erlebte diese entrückte, süße Ruhe, die man empfindet, wenn man sich den Träumen anheimgibt. Sie hatte die unwirschen Worte an ihren Mann längst vergessen, alle Aufregung und Enttäuschung weit hinter sich gelassen. Wohlig glitt sie davon auf unschuldigen Visionen von den Tagen nach morgen. Sie hörte ihre Stimme in den Gesprächen danach ...

Hab Lily Wynton neulich gesehen, und sie sagte mir über ihr neues Stück – nein, tut mir leid, aber das ist ein Geheimnis, hab ihr versprochen, den Titel niemandem zu verraten ... Lily Wynton kam gestern zum Tee vorbeigeschneit, und wir kamen so ins Gespräch, und sie erzählte die interessantesten Dinge aus ihrem Leben; sie sagte, sie hätte sich ja nie träumen lassen, das mal irgendjemandem zu erzählen ... Hach, ich käme schrecklich gern, aber ich hab Lily Wynton versprochen, mit ihr Mittag zu essen ... Hab einen ganz langen Brief von Lily Wynton bekommen ... Lily Wynton rief heute morgen an ... Wenn ich mich nicht wohl fühle, gehe ich immer auf einen Plausch bei Lily Wynton vorbei, und schon geht's mir wieder gut ... Lily Wynton erzählte ... Lily Wynton und ich ... Ich sage: »Lily, ...«

Am nächsten Morgen war Mr. Murdock bereits ins Büro gegangen, bevor Mrs. Murdock aufgestanden war. Das hatte es zwar schon einige Male gegeben, aber nicht oft. Mrs. Murdock hatte ein etwas mulmiges Gefühl. Dann sagte sie sich, daß es vermutlich besser so war. Und schließlich vergaß sie es völlig und widmete sich der Auswahl eines für dieses nachmittägliche Ereignis angemessenen Kostüms. Sie hatte das düstere Gefühl, daß ihr kleiner Kleiderschrank nichts enthielt, was einer solchen Gelegenheit entsprochen hätte; denn eine solche Gelegenheit hatte sich selbstverständlich noch nie zuvor geboten. Sie entschied sich schließlich für das dunkelblaue Serge-Kleid mit den weißen Musselinkrausen um Ausschnitt und Ärmel. Das war ihr Stil, mehr ließ sich dazu nicht sagen. Und damit war auch schon alles über sie selbst gesagt. Blauer Serge und weiße Rüschen – das war sie.

Daß ihr dieses Kleid so gut stand, machte sie ganz niedergeschlagen. Ein Niemandskleid, an einem Niemand. Sie wurde rot und fing an zu schwitzen, als ihr die Träume wieder einfielen, die sie letzte Nacht gesponnen hatte, all die spinnerten Visionen, wie sie und Lily Wynton inniglich und von gleich zu gleich miteinander sprachen. Schüchternheit ließ ihr das Herz schmelzen, und sie überlegte, Miss Noyes anzurufen und zu sagen, sie sei furchtbar erkältet und könne nicht kommen. Sie faßte sich wieder, als sie sich einen kleinen Benimm-Katalog zurechtlegte, den sie beim Tee befolgen wollte. Sie würde versuchen, den Mund zu halten; wenn sie nichts sagte, konnte sie auch kein dummes Zeug reden. Sie würde zuhören und beobachten und bestaunen, und dann würde sie gestärkt und ermutigt und als besserer Mensch nach Hause kommen, dank einer Stunde, an die sie ihr Leben lang stolz zurückdenken würde.

Miss Noyes' Wohnzimmer war im Stil der Frühmoderne gehalten. Es gab sehr viele Schrägen und spitze Winkel, Zickzacklinien aus Aluminium und waagerechte Streben aus Spiegelglas. Farbtöne waren Stahl und Sägemehl. Keine Sitzfläche lag mehr als dreißig Zentimeter über dem Boden, kein Tisch war aus Holz. Das Zimmer schien, was man sonst nur von größeren Räumen behauptete, wie geschaffen für Besuch.

Die kleine Mrs. Murdock kam als erste. Sie war froh darüber; nein, vielleicht hätte sie doch lieber erst nach Lily Wynton kommen sollen; nein, vielleicht war es ganz richtig so. Das Dienstmädchen wies sie ins Wohnzimmer, und Miss Noyes begrüßte sie mit ihrer kühlen Stimme und in ihren warmen Worten, ihrer Spezialmischung. Sie trug eine schwarze Samthose mit einem roten Kummerbund und ein weißes Seidenhemd, das am Hals offenstand. Eine Zigarette hing ihr an der Unterlippe, und wie gewöhnlich hielt sie die Augen gegen den Rauch zusammengekniffen.

»Kommen Sie rein, kommen Sie rein, Häschen«, sagte sie. »Sie verflixtes Herzchen. Ziehen Sie das Mäntelchen aus. Herrgottnochmal, in dem Kleidchen könnten Sie glatt für elf durchgehen. Plätzchen, kommen Sie, hier neben mich. Teechen kommt auch gleich, Momentchen.«

Mrs. Murdock nahm auf dem breiten, gefährlich niedrigen Diwan Platz und saß, da sie sich beim Zurücklehnen in Kissen noch nie besonders geschickt angestellt hatte, kerzengerade. Zwischen ihr und ihrer Gastgeberin war Platz für sechs von ihrer Sorte. Miss Noyes lehnte sich zurück, schwang das eine Fußgelenk über das andere Knie und sah sie an.

»Ich bin ein Wrack«, verkündete sie. »Habe die ganze Nacht wie blöde modelliert. Das hat mich völlig ausgezehrt. Ich war wie verhext.«

»Oh, was haben Sie denn gemacht?« rief Mrs. Murdock.

»Och, Eva«, sagte Miss Noyes. »Ich mache ständig Evas. Was soll man denn sonst machen? Sie müssen mal kommen und mir Modell stehen, Häschen. Sie sind bestimmt gut dafür. Ja-ah, bestimmt sind Sie sehr gut. Mein Häschen.«

»Hach, ich –«, sagte Mrs. Murdock und hielt inne. »Vielen Dank, trotzdem«, sagte sie dann.

»Möchte wissen, wo Lily bleibt«, sagte Miss Noyes. »Sie sagte, sie wollte früh hier sein – naja, das sagt sie immer. Sie werden sie hinreißend finden, Häschen. Sie ist schon ein seltener Vogel. Sie ist wirklich ein Mensch. Und sie hat die absolute Hölle hinter sich. Gott, was die alles mitgemacht hat!«

»Oh, was hatte sie denn?« sagte Mrs. Murdock.

»Männer«, sagte Miss Noyes. »Männer. Und keinen einzigen, der keine Laus war.« Düster starrte sie auf die Spitzen ihrer flachen Lederpumps. »Eine ganze Meute von Läusen, laufend. Alle, wie sie da sind. Lassen sie sitzen beim erstbesten Flittchen, das ihnen über den Weg läuft.«

»Aber –«, begann Mrs. Murdock. Nein, das konnte sie nicht richtig gehört haben. Wie konnte das angehen? Lily Wynton war doch eine große Schauspielerin. Und große Schauspielerin, das hieß Romantik. Romantik hieß Herzöge und Kronprinzen und Diplomaten mit grau angehauchten Schläfen und schlanke, bronzebraune, unbekümmerte Jüngere Söhne. Es hieß Perlen und Smaragde und Chinchillas und Rubine, so rot wie das Blut, das um ihretwillen vergossen wurde. Es hieß, daß ein junger Mann mit entschlossener Miene mitten in einer furchteinflößenden indischen Nacht unter einem öde summenden Deckenventilator saß und einen Brief an eine Dame schrieb, die er nur ein einziges Mal gesehen hatte; er schrieb sich das Herz aus dem Leibe, bevor er zu dem Dienstrevolver griff, der neben ihm auf dem Tisch lag. Es hieß, daß ein goldgelockter Dichter im offenen Meer trieb, mit dem Gesicht nach unten, in der Tasche sein letztes großes Sonett an die elfenbeinerne Dame. Es hieß kühne, schöne Männer, die lebten und starben für ihre Dame, jene bleiche Braut der Kunst, der Augen und Herz überflossen vor lauter Erbarmen mit ihnen.

Eine Meute von Läusen. Die hinter kleinen Flittchen herkrabbelten; die malte sich Mrs. Murdock schemenhaft und vage aus wie Ameisen.

»Aber –«, sagte die kleine Mrs. Murdock.

»Sie hat ihnen ihr ganzes Geld gegeben«, sagte Miss Noyes. »Hat sie immer gemacht. Und wenn nicht, dann haben sie es sich eben genommen. Jeden Pfennig haben sie ihr abgenommen, und ihr obendrein ins Gesicht gespuckt. Na, vielleicht kann ich ihr jetzt ein bißchen

Vernunft beibringen. Oh, es klingelt – das wird Lily sein. Nein, Sie behalten Plätzchen, Häschen. Sie gehören dahin.«

Miss Noyes stand auf und ging auf den Bogengang zu, der Wohnzimmer und Flur unterteilte. Als sie an Mrs. Murdock vorbeimußte, bückte sie sich plötzlich, nahm das runde Kinn ihrer Besucherin fest in die Hand und gab ihr einen hastigen, leichten Kuß auf den Mund.

»Sagen Sie Lily aber nichts«, murmelte sie leise.

Mrs. Murdock grübelte. Was sollte sie Lily nicht sagen? Dachte Hallie Noyes etwa, sie würde mit Lily Wynton über deren Leben tratschen, nach diesen seltsamen vertraulichen Mitteilungen? Oder meinte sie – Aber ihr blieb keine Zeit zum Grübeln. Lily Wynton stand im Bogengang. Sie stand da, eine Hand auf dem hölzernen Sims, den Körper darangeschmiegt, genauso wie sie in ihrem letzten Stück immer stand, bei ihrem Auftritt im dritten Akt, fast eine halbe Minute lang.

Man würde sie überall erkennen, dachte Mrs. Murdock. O ja, überall. Zumindest würde man ausrufen: »Die Frau da sieht ja aus wie Lily Wynton.« Denn etwas anders sah sie schon aus, bei Tageslicht. Ihre Figur wirkte schwerer, massiger, und das Gesicht – sie hatte solche Mengen Gesicht, daß der Überhang von den kräftigen, harten Knochen hinabsackte. Und die Augen, diese berühmten dunklen, feuchten Augen. Dunkel waren sie, ja, und feucht erst recht, aber sie klemmten in kleinen Hängematten aus Fleisch, und besonders fest schienen sie da auch nicht zu sitzen, denn sie rollten dauernd durch die Gegend. Das Weiße, das rund um die Iris zur Ansicht freilag, war gesprenkelt mit winzigen scharlachroten Äderchen.

»Rampenlicht ist wahrscheinlich entsetzlich anstrengend für die Augen«, dachte die kleine Mrs. Murdock.

Lily Wynton trug erwartungsgemäß schwarzen Satin und Zobel, und lange weiße Handschuhe ringelten sich großzügig um die Handgelenke. Aber in den Falten waren feine Dreckschlieren, und über die gesamte Länge des Kleides verteilt fanden sich kleine stumpfe Flecken in unregelmäßigen Formen; Essensbröckchen oder Alkoholtropfen oder vielleicht beides waren offenbar irgendwann aus ihren jeweiligen Behältern geschlüpft und hatten sich kurzerhand hier eingenistet. Der Hut – oh, ihr Hut. Die schiere Romantik, das schiere Mysterium, der schiere seltsam-süße Kummer; das war Lily Wyntons Hut, alle Wetter, niemand sonst hätte das gewagt. Schwarz war er, und schräg saß er, und eine große weiche Feder waberte von ihm hinab und an ihrem Hals entlang, bevor sie sich um ihre Gurgel schlängelte. Die Haare darunter boten alle denkbaren Nuancen von ungepflegtem Trompetenblech. Aber der Hut, o là là.

»Liebling!« kreischte Miss Noyes.

»Engel«, sagte Lily Wynton. »Mein Schatz.«

Das war die Stimme. Diese tiefe, weiche, glutvolle Stimme. »Wie Purpursamt«, hatte jemand geschrieben. Mrs. Murdock klopfte sichtbar das Herz.

Lily Wynton warf sich an das rasante Dékolleté ihrer Gastgeberin und murmelte dort weiter. Über Miss Noyes' Schulter hinweg erspähte sie die kleine Mrs. Murdock.

»Wer ist das denn?« sagte sie und wand sich los.

»Das ist mein Häschen«, sagte Miss Noyes. »Mrs. Murdock.«

»So ein kluges Gesichtchen«, sagte Lily Wynton.

»Schlaues, schlaues Köpfchen. Was macht sie, Hallie, mein Schatz? Sie schreibt doch bestimmt, was? Ja, ich fühle es. Sie schreibt wunder-wunderschöne Worte. Nicht wahr, Kind?«

»O nein, wirklich, ich –«, sagte Mrs. Murdock.

»Sie müssen mir unbedingt ein Stück schreiben«, sagte Lily Wynton. »Ein wunder-wunderschönes Stück. Und ich werde es spielen und um die ganze Welt damit ziehen, bis ich eine ganz ganz alte Dame bin. Und dann werde ich sterben. Aber man wird mich nie nie vergessen wegen all der Jahre, in denen ich Ihr wunder-wunderschönes Stück gespielt habe.«

Sie ging quer durchs Zimmer. Etwas leicht Zögerndes, scheinbar Unsicheres lag in ihren Schritten, und als sie in einen Sessel sinken wollte, sackte sie zuerst vielleicht fünf Zentimeter rechts daneben abwärts. Aber sie kriegte die Kurve in letzter Sekunde und landete doch noch sicher.

»Schreiben«, sagte sie und lächelte Mrs. Murdock traurig an. »Schreiben. Und so ein kleines Ding mit so einem großen Talent. Oh, dieses Privileg. Aber auch, welche Qual, welche Agonie.«

»Aber, wissen Sie, ich –«, sagte die kleine Mrs. Murdock.

»Häschen schreibt nicht, Lily«, sagte Miss Noyes. Sie warf sich wieder in den Diwan. »Sie ist ein Museumsstück. Sie ist mit Hingabe verheiratet.«

»Eine verheiratete Frau!« sagte Lily Wynton. »Eine verheiratete Frau. Ihre erste Ehe, Kind?«

»O ja«, sagte Mrs. Murdock.

»Wie goldig«, sagte Lily Wynton. »Wie goldig, goldig, goldig. Erzählen Sie mir, Kind, lieben Sie ihn sehr, sehr, sehr?«

»Äh, ich –«, sagte die kleine Mrs. Murdock und wurde rot. »Ich bin schon ewig verheiratet«, sagte sie dann.

»Sie lieben ihn«, sagte Lily Wynton. »Sie lieben ihn. Und ist es süß, wenn sie mit ihm ins Bett gehen?«

»Oh –«, sagte Mrs. Murdock und wurde so rot, daß es wehtat.

»Die erste Ehe«, sagte Lily Wynton. »O holde Jugend. Ja, als ich in Ihrem Alter war, habe ich auch noch geheiratet. Oh, hüten Sie Ihre Liebe wie einen Schatz, Kind, bewachen Sie sie, leben Sie in ihr. Lachen und tanzen Sie in der Liebe Ihres Mannes. Bis Sie merken, wie er wirklich ist.«

Dann wurde sie plötzlich von etwas heimgesucht. Ihre Schultern zuckten nach oben, die Wangen blähten sich, die Augen wollten aus ihren Hängematten hüpfen. Einen Augenblick lang saß sie so da, dann sortierte sich alles wieder an seinen Platz. Sie lehnte sich im Sessel zurück und klopfte sich zart auf die Brust. Sie schüttelte traurig den Kopf, und bekümmertes Staunen lag in dem Blick, mit dem sie Mrs. Murdock fixierte.

»Gase«, sagte Lily Wynton mit ihrer berühmten Stimme. »Gase. Kein Mensch weiß, was ich zu leiden habe.«

»Oh, das tut mir so leid«, sagte Mrs. Murdock. »Kann ich irgendetwas – «

»Nichts«, sagte Lily Wynton. »Gar nichts. Gar nichts kann man da machen. Ich war schon überall.«

»Wie wär's mit einem Schlückchen Tee, vielleicht«, sagte Miss Noyes. »Könnte doch gut tun.« Sie drehte das Gesicht zum Bogengang und rief laut: »Mary! Wo zum Teufel bleibt eigentlich der Tee?«

»Sie ahnen ja nicht«, sagte Lily Wynton und hielt den schmerzlichen Blick fest auf Mrs. Murdock gerichtet. »Sie ahnen ja gar nicht, was Magenbeschwerden sind. Kein Mensch kann das je wissen, bevor er selbst magenkrank ist. Ich bin's seit Jahren. Jahren und Aberjahren.«

»Das tut mir schrecklich leid«, sagte Mrs. Murdock.

»Kein Mensch ahnt diese Qual«, sagte Lily Wynton. »Diese Agonie.«

Das Mädchen erschien mit einem dreieckigen Tablett, auf dem ein glänzendweißes Porzellanservice aus lauter sechseckigen Teilen von heldenhaftem Format stand. Sie stellte es auf einen Tisch, den Miss Noyes gerade noch mit dem Arm erreichen konnte, und zog sich dann ebenso eingeschüchtert wieder zurück, wie sie gekommen war.

»Hallie, mein Schatz«, sagte Lily Wynton, »mein Schatz. Tee – ich bete Tee an. Ich gebe mein Leben für Tee. Aber mein Magen macht Galle und Wermut daraus. Galle und Wermut. Ich würde stundenlang keinen Frieden finden. Gib mir lieber ein kleines, ein winziges Schlückchen von deinem wunder-wunderschönen Brandy.«

»Findest du das wirklich richtig, Liebling?« sagte Miss Noyes. »Du weißt doch –«

»Mein Engel«, sagte Lily Wynton, »das ist das einzige Mittel gegen Säure.«

»Na gut«, sagte Miss Noyes. »Aber denk daran, du mußt heute abend auftreten.« Wieder richtete sie die Stimme zum Bogengang. »Mary! Bringen Sie den Brandy und einen Pott Soda und Eis und alles.«

»O Himmel, nein«, sagte Lily Wynton. »Nein, nein,

Hallie, mein Schatz. Soda und Eis sind schieres Gift für mich. Willst du meinen armen, schwachen Magen einfrieren? Willst du die arme kleine Lily umbringen?«

»Mary!« schrie Miss Noyes. »Bringen Sie nur den Brandy und ein Glas.« Sie drehte sich um zu der kleinen Mrs. Murdock. »Wie nehmen Sie Ihren Tee, Häschen? Sahne? Zitrone?«

»Sahne, wenn's recht ist, bitte«, sagte Mrs. Murdock. »Und zwei Stück Zucker bitte, wenn's recht ist.«

»O holde Jugend«, sagte Lily Wynton. »Die Jugend und die Liebe.«

Das Mädchen erschien wieder, diesmal mit einem achteckigen Tablett, auf dem eine Karaffe voll Brandy und ein breites, flaches, schweres Glas standen. Ihr Kopf wackelte vor lauter verkrampfter Verklemmtheit.

»Schenken Sie mir doch gleich ein, ja, Liebes?« sagte Lily Wynton. »Danke sehr. Und lassen Sie die wunderwunderhübsche Karaffe einfach gleich hier, auf diesem bezaubernden Tischchen. Vielen Dank. Sie sind so lieb zu mir.«

Das Mädchen verzog sich bibbernd. Lily Wynton lag in ihrem Sessel und hielt in der behandschuhten Hand das breite, flache Glas, das braun war bis zum Rand. Die kleine Mrs. Murdock hielt die Augen auf ihre Teetasse gesenkt, führte sie vorsichtig an die Lippen, nahm einen Schluck und stellte sie dann zurück auf die Untertasse. Als sie wieder hochsah, lag Lily Wynton in ihrem Sessel und hielt in der behandschuhten Hand ein breites, flaches, farbloses Glas.

»Mein Leben«, sagte Lily Wynton langsam, »ist ein Haufen Mist. Ein stinkender Haufen Mist. Das ist es immer gewesen, und das wird es auch immer bleiben.

Bis ich eine ganz ganz alte Dame bin. Ach Sie, Schlauköpfchen. Ihr Schriftsteller wißt ja nicht, was Kämpfen heißt.«

»Aber, wirklich, ich bin keine –«, sagte Mrs. Murdock.

»Schreiben«, sagte Lily Wynton. »Schreiben. Wunderschöne Worte eins neben das andere setzen. Oh Privileg. Oh gesegneter, gesegneter Frieden. Oh hätt' ich die Stille, die Geruhsamkeit. Aber glauben Sie, diese billigen Bastarde setzen das Stück ab, solange es auch nur einen Pfennig einspielt? Oh nein. So müde ich bin, so krank ich bin, ich muß mich weiterschleppen. Ach, Kind, Kind, hüten Sie Ihr kostbares Talent. Seien Sie dankbar dafür. Es ist das Allergrößte. Es ist das Einzige. Schreiben.«

»Liebling, ich sage doch, Häschen schreibt nicht«, sagte Miss Noyes. »Willst du nicht mal zu Verstand kommen? Sie ist eine verheiratete Frau.«

»Ah ja, hat sie mir gesagt. Sie sagt, sie hat eine vollkommene, leidenschaftliche Liebesgeschichte«, sagte Lily Wynton. »Junge Liebe. Das ist das Größte. Das ist das Einzige.« Sie griff nach der Karaffe; und wieder war das dicke Glas braun bis zum Rand.

»Wann hast du heute damit angefangen, Liebling?« sagte Miss Noyes.

»Oh, schimpf nicht mit mir, mein liebes Schätzchen«, sagte Lily Wynton. »Lily war nicht böse. War dah tein böses Mehjen. Ich bin erst sehr sehr spät aufgestanden. Und obwohl ich verschmachtet bin, obwohl ich völlig ausgebrannt war, habe ich erst nach dem Frühstück den ersten Schluck getrunken. ›Für Hallie‹, habe ich mir gesagt.« Sie hob das Glas an den Mund, kippte es weg und setzte es wieder ab, farblos.

»Lieber Gott, Lily«, sagte Miss Noyes. »Paß auf dich auf. Du mußt dich da bewegen auf der Bühne heute abend, Mädchen.«

»Die ganze Welt ist eine Bühne«, sagte Lily Wynton. »Und alle Männer und Frauen bloße Spieler. Sie treten auf und gehen ab, und jeder Mann spielt immer gleich ein paar Rollen auf einmal, sieben Lebensalter soll er darstellen. Zuerst das Baby, wie es wimmert und sabbert –«

»Wie läuft das Stück eigentlich?«, sagte Miss Noyes.

»Oh, lausig«, sagte Lily Wynton. »Lausig, lausig, lausig. Aber was ist nicht lausig? Was ist das eigentlich nicht in dieser schlimmen, schlimmen Welt? Antworte mir.« Sie langte nach der Karaffe.

»Lily, hör zu«, sagte Miss Noyes. »Hör auf damit. Hörst du?«

»Bitte, Hallie, Schatz«, sagte Lily Wynton. »Bittschön. Arme, arme Lily.«

»Soll ich wieder dasselbe machen wie letztes Mal?« sagte Miss Noyes. »Soll ich dich schlagen, vor unserm Häschen hier?«

Lily Wynton setzte sich auf. »Du hast keine Vorstellung«, sagte sie eisig, »was Säure ist.« Sie füllte das Glas, hielt es in der Hand und betrachtete es wie durch ein Lorgnon. Plötzlich schlug ihre Stimmung um, sie sah hoch und lächelte die kleine Mrs. Murdock an.

»Sie müssen es mir zu lesen geben«, sagte sie. »Sie dürfen nicht so bescheiden sein.«

»Zu lesen –?« sagte die kleine Mrs. Murdock.

»Ihr Stück«, sagte Lily Wynton. »Ihr wunder-wunderschönes Stück. Glauben Sie ja nicht, ich hätte viel zu tun. Ich habe immer Zeit. Ich habe Zeit für alles. Oh mein Gott, ich muß morgen zum Zahnarzt. Ach, was

Haffmans Verlag

HUBENSTRASSE 19 · POSTFACH CH–8057 ZÜRICH

Wenn Sie über weitere und künftige Bücher unseres Verlags informiert werden wollen, schicken Sie bitte diese Karte mit Ihrer schön leserlich eingetragenen Adresse an:

Haffmans Verlag AG
Postfach
CH-8057 Zürich

Vorname ______________________________

Name ______________________________

Straße ______________________________

PLZ, Ort, Land ______________________________

habe ich schon gelitten mit meinen Zähnen. Sehen Sie mal!« Sie stellte das Glas ab, schob einen behandschuhten Finger in den Mundwinkel und zerrte ihn zur Seite. »Ugh!« Sie ließ nicht locker. »Ugh!«

Mrs. Murdock reckte verstohlen den Hals und erspähte den Glanz von Gold.

»Oh, das tut mir so leid«, sagte sie.

»Gass hacka ekses Aahr it ihr ehach«, sagte Lily Wynton. Sie nahm den Finger wieder raus und ließ den Mund in seine ursprüngliche Form zurückschnappen. »Das hat er letztes Mal mit mir gemacht«, wiederholte sie. »Oh Qual. Oh Agonie. Haben Sie auch solchen Kummer mit Ihren Zähnen, Schlauköpfchen?«

»Äh, ich fürchte, ich habe furchtbar viel Glück«, sagte Mrs. Murdock. »Ich –«

»Sie ahnen ja nicht«, sagte Lily Wynton. »Kein Mensch ahnt, wie das ist. Ihr Schriftsteller – Ihr habt ja keine Ahnung.« Sie nahm das Glas hoch, widmete ihm einen Seufzer und stürzte es hinunter.

»Also gut«, sagte Miss Noyes. »Mach du so weiter und kipp um, Liebling. Du hast gerade noch Zeit zum Schlafen vor dem Theater.«

»Schlafen«, sagte Lily Wynton. »Schlafen, vielleicht auch träumen, ja, da liegt's. Oh Privileg. Ach, Hallie, meine süße kleine Hallie, der armen Lily geht es so entsetzlich. Kratz mich mal am Kopf, Engel. Hilf mir.«

»Ich hole Eau de Cologne«, sagte Miss Noyes. Sie ging hinaus und tätschelte im Vorbeigehen Mrs. Murdocks Knie. Lily Wynton lag in ihrem Sessel und schloß die berühmten Augen.

»Schlafen«, sagte sie. »Schlafen, vielleicht auch träumen.«

»Ich fürchte«, setzte die kleine Mrs. Murdock an, »ich fürchte«, sagte sie dann, »ich muß wirklich ganz schnell nach Hause. Ich fürchte, ich habe gar nicht gemerkt, daß es schon entsetzlich spät ist.«

»Ja, gehen Sie nur, Kind«, sagte Lily Wynton. Sie öffnete die Augen nicht. »Gehen Sie zu ihm. Gehen Sie zu ihm, leben Sie in ihm, lieben Sie ihn. Bleiben Sie immer bei ihm. Aber wenn er anfängt, sie mit nach Hause zu bringen, dann gehen Sie.«

»Ich fürchte – ich fürchte, ich habe nicht verstanden«, sagte Mrs. Murdock.

»Wenn er anfängt, seine Luxustäubchen mit nach Hause zu bringen«, sagte Lily Wynton. »Dann müssen Sie stolz sein. Und gehen. Ich bin immer gegangen. Aber da war es immer schon zu spät. Sie hatten schon mein ganzes Geld. Das ist alles, was sie wollen, Ehe oder nicht. Sie behaupten, es sei Liebe, aber das ist es nicht. Liebe ist das Einzige. Hüten Sie Ihre Liebe wie einen Schatz, Kind. Gehen Sie wieder zu ihm. Gehen Sie ins Bett mit ihm. Das ist das einzig Wahre. Und Ihr wunderwunderschönes Stück.«

»Oh meine Liebe«, sagte die kleine Mrs. Murdock. »Ich – ich fürchte, es ist schon furchtbar spät.«

Nur das Geräusch regelmäßiger Atmung kam jetzt von dem Sessel, in dem Lily Wynton lag. Die Purpurstimme hatte aufgehört, durch die Luft zu wallen.

Die kleine Mrs. Murdock schlich sich zu dem Sessel, auf den sie ihren Mantel gelegt hatte. Vorsichtig hielt sie die weißen Musselinrüschen fest, damit sie nicht verknickten. Sie empfand Zärtlichkeit für ihr Kleid; sie wollte es beschützen. Blauer Serge und kleine Rüschen – sie gehörten ihr.

Als sie zur Wohnungstür kam, hielt sie einen Augenblick inne und erinnerte sich ihrer guten Manieren. Tapfer rief sie in Richtung von Miss Noyes' Schlafzimmer.

»Auf Wiedersehen, Miss Noyes«, sagte sie. »Ich muß unbedingt los. Ich hatte gar nicht gemerkt, daß es schon so spät ist. Es war sehr nett – vielen, vielen Dank auch.«

»Oh, auf Wiedersehen, Häschen«, rief Miss Noyes. »Entschuldigen Sie, daß Lily sich abgemeldet hat. Nehmen Sie's ihr nicht übel – sie ist wirklich einfach nur ein Mensch. Ich ruf Sie an, Häschen. Ich möchte Sie sehen. Wo ist denn dieses verdammte Kölnisch Wasser?«

»Vielen, vielen Dank auch«, sagte Mrs. Murdock. Sie brachte sich selbst zur Tür.

Die kleine Mrs. Murdock ging durch die aufsteigende Dämmerung nach Hause. Ihr Kopf war voll, aber nicht mit den Erinnerungen an Lily Wynton. Sie dachte an Jim; Jim, der ins Büro gegangen war, bevor sie aufgestanden war heute morgen, Jim, dem sie keinen Abschiedskuß gegeben hatte. Der liebste Jim. Solche wie ihn gab es nicht noch einmal. Der komische Jim, steif und querköpfig und schweigsam: aber nur, weil er soviel wußte. Nur weil er wußte, wie töricht es war, auf der Suche nach dem Glanz der Schönheit und der Romantik des Lebens in die Ferne zu schweifen. Denn sie lagen so nah, zu Hause, die ganze Zeit, dachte sie. Wie die Blaue Blume, dachte die kleine Mrs. Murdock.

Jim, der Liebling. Mrs. Murdock machte einen Umweg und trat in einen riesigen Laden, in dem es die esoterischsten Delikatessen zu happigen Preisen gab. Jim mochte so gern roten Kaviar. Mrs. Murdock kaufte eine Dose von diesen glibbrigen, glänzenden Eiern. Heute abend würden sie einen Cocktail nehmen, auch wenn sie gar keine Gäste hatten, und den roten Kaviar sollte es dazu geben, als Überraschung, und es würde eine kleine geheime Party werden, zur Feier ihrer wiedergefundenen Zufriedenheit mit ihrem Jim, eine Party, mit der sie ihre Absage an all den Ruhm dieser Welt feiern wollte. Sie kaufte noch einen großen ausländischen Käse. Er würde dem Essen den nötigen Schmiß geben. Mrs. Murdock hatte sich heute morgen nicht besonders dafür interessiert, was es zum Abendessen geben sollte. »Ach, einfach, was sie wollen, Signe«, hatte sie dem Mädchen gesagt. Sie wollte nicht mehr daran denken. Sie ging mit ihren Päckchen nach Hause.

Mr. Murdock war bereits da, als sie kam. Er saß über dem aufgeschlagenen Wirtschaftsteil der Zeitung. Die kleine Mrs. Murdock stürzte mit leuchtenden Augen auf ihn zu. Wirklich schade, daß das Leuchten in jemandes Augen einfach nur ein Leuchten in jemandes Augen ist und man auf den ersten Blick nicht sagen kann, woher es kommt. Man weiß nicht, ob jemand über einen selbst so freudig erregt ist oder über was sonst. Am Abend zuvor war Mrs. Murdock auch auf Mr. Murdock zugestürzt und hatte leuchtende Augen gehabt.

»Oh, hallo«, sagte er. Dann sah er wieder in seine Zeitung und nicht mehr hoch. »Was hast du denn gemacht? Bist du bei Hank Noyes vorbeigeschneit?«

Die kleine Mrs. Murdock blieb stehen, wo sie war.

»Du weißt sehr genau, Jim«, sagte sie, »daß Hallie Noyes mit Vornamen Hallie heißt.«

»Für mich heißt sie Hank«, sagte er. »Hank oder Bill. Ist Wie-hieß-sie-doch-gleich auch aufgetaucht? Ich meine, vorbeigeschneit. Entschuldige.«

»Auf wen beziehst du dich«, sagte Mrs. Murdock formvollendet.

»Wie-hieß-sie-gleich«, sagte Mr. Murdock. »Dieser Filmstar.«

»Falls du Lily Wynton meinst«, sagte Mrs. Murdock, »sie ist kein Filmstar. Sie ist Schauspielerin. Und zwar eine große.«

»Schön, *ist* sie vorbeigeschneit?« sagte er.

Mrs. Murdock ließ die Schultern sinken. »Ja«, sagte sie. »Ja, sie war auch da, Jim.«

»Ich nehme an, du gehst jetzt auch zur Bühne«, sagte er.

»Ach, Jim«, sagte Mrs. Murdock. »Ach, Jim, bitte. Es tut mir um keine Sekunde leid, die ich heute bei Hallie Noyes war. Es war – es war eine Erfahrung, Lily Wynton kennenzulernen. Etwas, das ich mein Lebtag nicht vergessen werde.«

»Was hat sie denn gemacht?« sagte Mr. Murdock. »Sich verkehrtrum aufgehängt?«

»Nein, das hat sie nicht!« sagte Mrs. Murdock. »Sie hat Shakespeare rezitiert, falls du es wissen möchtest.«

»Oh, mein Gott«, sagte Mr. Murdock. »Muß ja großartig gewesen sein.«

»Schon gut, Jim«, sagte Mrs. Murdock. »Wenn du das so siehst.«

Müde ging sie aus dem Zimmer und den Flur entlang. Sie blieb an der Speisekammertür stehen, stieß sie auf und sprach mit dem netten kleinen Dienstmädchen.

»Oh, Signe«, sagte sie. »Oh, guten Abend, Signe.

Legen Sie das hier irgendwohin, ja? Ich hab's unterwegs besorgt. Ich dachte, wir essen's vielleicht mal irgendwann.«

Ermattet ging die kleine Mrs. Murdock dann weiter den Flur entlang in ihr Schlafzimmer.

* * * * * * * * * * * * **PFERDCHEN** * * * * * * * * * * * *

Als die junge Mrs. Gerald Cruger aus dem Krankenhaus nach Hause kam, kam mit ihr und dem Baby auch Miss Willmarth. Miss Willmarth war eine vortrefflich ausgebildete Hauspflegerin, sicher und ruhig und unermüdlich, und mit viel Sinn für das Arrangieren von Blumen in Krügen und Vasen. Sie hatte nie eine Patientin gehabt, die so viele Blumen bekam, jedenfalls nicht so ungewöhnliche; gelbe Veilchen und eigenartige Lilien und kleine, weiße Orchideen, die wie ein zierlicher Mottenschwarm auf den grünen Zweigen balancierten. Sie mußten mit Sorgfalt und Überlegung ausgewählt worden sein, damit sie, wie all die anderen zerbrechlichen und kostbaren Dinge, mit denen die junge Mrs. Cruger sich umgab, auch wirklich gut zu ihr paßten. Niemand, der sie kannte, hätte einfach zum Hörer greifen und den nächstbesten Blumenhändler beauftragen können, ihr eins der herkömmlichen Fünf-Dollar-Gebinde aus Tulpen, Asparagus und Osterglocken ins Haus zu schicken. Camilla Cruger war nicht die richtige Adresse für Gartenblüten.

Manchmal, wenn Miss Willmarth die glänzenden Schachteln öffnete und sorgfältig die Grußkarten gruppierte, trat ein seltsamer Ausdruck in ihr Gesicht. Jedem kürzeren Gesicht hätte er womöglich einen Hauch Wehmut verliehen. Bei Miss Willmarth trug er zur Vervollkommnung einer merkwürdigen Ähnlichkeit bei, die sie von jeher an sich hatte; ihr Gesicht war erst vollständig mit jenem Ausdruck freundlicher Melancholie, der edlen Pferden eigen ist. Selbstverständlich konnte Miss Willmarth nichts dafür, daß sie aussah wie ein Pferd. Nichts an ihr konnte etwas dafür. Und dennoch bestand diese Ähnlichkeit.

Sie war groß und hatte einen kräftigen Knochenbau und eine aufrechte Haltung; irgendwie war es unmöglich sich auszudenken, wie sie wohl unbekleidet aussah. Ihr langes Gesicht entbehrte in aller Unschuld, nein: aus Unwissenheit jeder Kosmetik und behielt stets Farbe. Verwirrung, Hitze und Hast ließen ihren Nacken scharlachrot aufglühen. Ihre feinen glatten Haare waren mit geriffelten schwarzen Drahtspangen zu einem strammen Knoten gesteckt, der patenterweise das hohe Häubchen hielt; es sah aus wie ein Windbeutel frisch vom Bäcker. Sie hatte große Hände, die abgeschrubbt und trocken waren und zupacken konnten, die Nägel waren so kurz geschnitten und wurden mit einem kleinen, scharfen Instrument so gründlich gereinigt, daß die Ränder von den spatenförmigen Fingern wegstanden. Gerald Cruger, der ihr Abend für Abend an seinem Eßtisch gegenübersaß, versuchte stets, ihre Hände nicht anzusehen. Sie irritierten ihn, weil ihr Anblick ihn daran erinnerte, daß sie sich bestimmt anfühlten wie Strohmatten und nach Kernseife rochen. Frauen, die nicht sanft liebreizend waren, waren einfach keine Frauen.

Er versuchte, soweit seine ausgezeichneten Manieren das zuließen, seinen Blick von ihrem Gesicht fernzuhalten. Nicht daß es unangenehm aussah – es war ganz bestimmt freundlich. Aber sobald er hineinsah, so erzählte er Camilla, blieb er gebannt darin hängen und war jeden Moment darauf gefaßt, daß sie die Mähne schüttelte und zu wiehern an fing.

»Ich liebe Pferde durchaus«, sagte er zu Camilla, die sehr bleich und matt auf ihrer apricotfarbenen Satin-Chaiselongue lag. »Ich bin ganz närrisch nach einem Pferd. Ah, welch ein edles Tier, Liebling! Ich finde nur, daß kein Mensch einen Grund hat, daherzugehen und auszusehen wie ein Pferd und sich auch noch so zu benehmen, als wäre das völlig in Ordnung. Pferde gehen schließlich auch nicht her und sehen aus wie Menschen, oder?«

Er hatte nichts gegen Miss Willmarth; er hatte nur auch nichts für sie. Er wollte ihr überhaupt nicht übel, aber er wartete sehnlich auf den Tag, an dem sie wieder verschwinden würde. Sie arbeitete gewandt und regelmäßig, so daß sie den Haushalt eigentlich nicht nennenswert durcheinanderbrachte. Und dennoch bedeutete ihre Anwesenheit eine Last. Da war diese Sache mit dem gemeinsamen Essen jeden Abend, für ihn harte Arbeit, mit Sicherheit, und keine, die durch Routine leichter wird, aber ihm blieb keine Wahl. Es war allgemein bekannt, daß ausgebildete Pflegerinnen hartnäckig darauf bestanden, nicht wie Dienstboten behandelt zu werden; man konnte Miss Willmarth nicht bitten, mit den Mädchen zu essen. Und er würde nicht außerhalb essen – ohne *Camilla?* Und es wäre zuviel verlangt, daß die Mädchen zweimal den Tisch deckten oder Tabletts die Treppen hinauf- und hinunterschleppten, außer für Camilla. Es gab nur drei Mädchen, und die hatten Arbeit genug.

»Diese Kinder«, pflegte Camillas Mutter zu kichern. »Diese Kindsköpfe. Mit ihrer Unabhängigkeit! Schlagen sich mit Käse und Küssen durch. Na, ich darf ihnen ja kaum die ausgebildete Pflegerin bezahlen. Und alles, was wir letzte Weihnachten geschafft haben, war, daß Camilla wenigsten den Packard und den Chauffeur annimmt.«

Also aß Gerald Abend für Abend mit Miss Willmarth. Leichtes Grauen vor dieser Stunde mit ihr überfiel ihn jäh am Nachmittag. Dann vergaß er es wieder für Bruchteile von Minuten, aber nur, um um so grausamer davon heimgesucht zu werden, je näher der Termin rückte. Auf seinem Nachhauseweg vom Büro genoß er das makabre Vergnügen, Tischgespräche zu inszenieren und völlig verstiegene Neuerungen dazuzuerfinden.

Crugers Correcte Conversationen: Lektion 1, ein Abendessen mit einer gewissen Miss Willmarth, Ausgebildeten Hauspflegerin. Guten Abend, Miss Willmarth! Tja! Und wie haben unsere Patientinnen den Tag verbracht? Wie gut, wie schön. Tja! Das Töchterchen hat fünfzig Gramm zugelegt, tatsächlich? Wie schön. Ja, wie wahr, das wird sie, bevor wir es noch gemerkt haben. Wie wahr. Tja! Mrs. Cruger kommt täglich mehr zu Kräften, nicht wahr? Wie gut, wie schön. Wie wahr, auf und davon, bevor wir es noch gemerkt haben. Ja, gewiß wird sie das. Tja! Und die Besucher heute? Wie gut. Sind aber nicht zu lange geblieben, nein? Wie schön. Tja! Nein, nein, nein, Miss Willmarth, erzählen *Sie* nur weiter, ich wollte beileibe nichts sagen, wirklich nicht. Nein, wirklich nicht. Tja, ja! Ich hörte, man hat diese beiden Flieger endlich gefunden. Ja, wagemutig sind sie, gewiß. Wie wahr. Ja. Tja! Ich hörte, im Westen haben sie wieder ihren schönen dicken Schneesturm. Ja, wir hatten einen milden Winter hier, gewiß. Wie wahr. Tja! Ich hörte, es gab einen Überfall auf dieses Juweliergeschäft in der Fifth Avenue, am hellichten Tage. Ja, ich weiß wirklich auch nicht, wo das hinführen soll. Wie wahr. Tja! Ich sehe eine Katze. Sehen Sie die Katze? Die Katze liegt auf der Matratze. Ganz gewiß. Tja! Nehmen Sie's mir nicht übel, Miss Willmarth, aber müssen Sie eigentlich unbedingt aussehen wie ein Pferd? Sehen Sie gern aus wie ein Pferd, Miss Willmarth? Wie gut, Miss Willmarth, wie schön. Gewiß tun Sie das, Miss Willmarth. Wie wahr. Tja! Könnten Sie dann um Himmelswillen Ihren Hafer zu Ende kauen, damit ich hier endlich weg kann?

Jeden Abend war er vor Miss Willmarth im Eßzimmer und starrte verdrießlich auf Silber und Kerzenlicht, bis sie auch erschien. Kein Geräusch von Schritten warnte vor ihrem Kommen, denn ihre ausladenden leinenen Schnürschuhe hatten Gummisohlen; das Parkett knarrte seinen Protest, die Ziergegenstände erzitterten, es gab ein Knacken und Rascheln und den herrischen Geruch von gestärktem Leinen; und dann war sie da, gerüstet für ihr Ritual abendlicher Heiterkeit.

»Na, Mary«, schrie sie das Serviermädchen an, »Sie wissen ja, wie man so sagt – lieber spät als gar nie.«

Aber kein Lächeln erweichte je Marys Lippen, kein Leuchten ihre Augen. Für Mary war Miss Willmarth, wenn sie mit der Köchin über sie redete, immer nur »die da«. Sie wollte nichts zu tun haben mit Miss Willmarth oder sonst einer aus deren Zunft; die laufen einem bloß zwischen den Füßen rum.

Ein- oder zweimal entdeckte Gerald einen seltsamen Ausdruck in Miss Willmarths Gesicht, wenn sie merkte, daß ihr Kernspruch bei dem Mädchen nicht ankam. Er vermochte ihn nicht recht einzuordnen. Dabei wußte er gar nicht, daß sie dieselbe Miene machte wie manchmal, wenn sie die glänzenden weißen Schachteln öffnete und die erlesenen geruchlosen Blüten herausnahm, die Camilla geschickt bekam. Wo immer er auch herkam, dieser Ausdruck verstärkte das Pferdehafte an ihr dermaßen, daß er erwog, ihr einen Apfel anzubieten.

Sie dagegen entbot ihm stets ihr breites Lächeln, während sie sich setzte. Dann sah sie auf die klobige Uhr an ihrem Handgelenk und stieß ein kleines Quieken aus, das ihm die Zähne zusammenpreßte.

»Grundgütiger!« sagte sie. »Grundgütiger Himmel! Ich hatte völlig vergessen, daß es schon so spät war. Bitte, Sie dürfen es mir nicht übelnehmen, Mr. Cruger. Schimpfen Sie nicht mit mir. Das haben Sie wirklich Ihrer kleinen Tochter zuzuschreiben. Sie hält uns nämlich alle ständig auf Trab.«

»Das tut sie gewiß«, sagte er. »Wie wahr.«

Er dachte, und zwar mit geringer Freude, an die kleine Diane, die rosig und nichtssagend und ärgerlich zwischen lauter Rüschen und Pompons in ihrem Körbchen lag. Ihretwegen war Camilla so lange von ihm fort gewesen, in dieser übelriechenden Vorhölle namens Krankenhaus, ihretwegen lag Camilla jetzt den lieben langen Tag auf ihrer apricotfarbenen Satin-Chaiselongue. »Wir wollen uns Zeit lassen«, fand der Arzt, »einfach vie-ie-iel Zei-ei-eit.« Ja; ja, und all das wegen Jung-Diane. Ihretwegen mußte er Abend für Abend Miss Willmarth vor der Nase haben und sich ein Gespräch abringen. Na schön, Jung-Diane, da bist du also, nichts zu machen. Aber du bleibst das einzige Kind, junge Frau, soviel steht fest.

Jedesmal schickte Miss Willmarth ihrer neckischen Eröffnung über das Baby noch Begleitworte hinterher. Gerald kannte sie mittlerweile so gut, daß er sie im Duett hätte mitsingen können.

»Warten Sie's nur ab«, sagte sie immer. »Warten Sie's nur ab. Sie werden auch noch auf Trab gehalten, wenn erstmal lauter Beaus hier ein- und ausgehen. Sie werden schon sehen. Diese junge Dame wird die Herzen brechen, wie ich es noch nie erlebt habe.«

»Ist wohl nur zu wahr«, sagte Gerald, und dann bemühte er sich um ein kleines Lachen und scheiterte. Er fühlte sich ungemütlich, es war ihm irgendwie peinlich, Miss Willmarth über Anbeter und Techtelmechtel scherzen zu hören. Es war unschicklich, ebenso unschicklich, wie Rouge auf ihrem endlosen Mund und Parfüm in ihrem platten Dékolleté gewesen wäre.

Jedesmal holte er sie rasch wieder heim in ihr Reich. »Tja.« sagte er. »Tja! Und wie haben unsere Patientinnen den Tag verbracht?«

Aber das hielt trotz der Details über das Gewicht des Babys und trotz der Liste sämtlicher Besucher des Tages selten bis nach der Suppe vor.

»Geht diese Frau denn nie aus?« fragte er Camilla. »Hat sich unser Pferdchen nicht mal einen freien Abend verdient?«

»Wo sollte sie wohl hingehen wollen?« fragte Camilla. Ihre leisen, trägen Worte klangen immer einen Hauch überdrüssig bei diesem Thema.

»Na«, sagte Gerald, »sie könnte einen Mondschein-Galopp um den Park machen.«

»Oh, sie findet es zweifellos prickelnd, mit dir zu speisen«, sagte Camilla. »Du bist ein Mann, so wird mir jedenfalls berichtet, und davon kann sie so viele nicht gesehen haben. Das arme, alte Pferd. Sie ist kein schlechter Kerl.«

»Ja«, sagte er. »Und welch ein amüsanter Reigen,

jeden Abend mit Kein-Schlechter-Kerl speisen zu dürfen.«

»Wie kommst du eigentlich auf die Idee«, sagte Camilla, »daß ich in einem Strudel der Lustbarkeit versinke, wenn ich hier herumliege?«

»Oh, Liebling«, sagte er, »oh, mein armer Liebling. Das habe ich nicht so gemeint, Ehrenwort. Oh, *Herrgott!* Ich hab's nicht so gemeint. Wie könnte ich klagen, nach allem, was du durchgemacht hast, und ich habe gar nichts gemacht? Bitte, Schatz, bitte. Ach, Camilla, sag, daß du weißt, daß ich es nicht so gemeint habe.«

»Jedenfalls«, sagte Camilla, »hast du sie nur zum Abendessen. Ich habe sie den ganzen Tag um mich.«

»Schätzchen, bitte«, sagte er. »Mein armer Engel.«

Er sank neben der Chaiselongue auf die Knie und zerrte ihre kraftlosen, duftenden Hände an seinen Mund. Dann fiel ihm wieder ein, daß man sehr sehr sanft sein sollte. Er verteilte Entschuldigungsküßchen entlang ihren sämtlichen Fingern und brummelte von Gardenien und Lilien, und damit war sein Repertoire an weißen Blumen auch schon erschöpft.

Die Besucher behaupteten, Camilla sähe liebreizender denn je aus, aber sie irrten. Sie war einfach so liebreizend wie eh und je. Sie tuschelten über den neuen Glanz in ihren Augen, seit sie Mutter geworden war; aber es war derselbe entrückte Glanz, der immer darin gelegen hatte. Sie sagten, wie bleich sie wäre und wie sehr sie über allem schwebte; sie vergaßen, daß sie immer bleich wie der Mondenschein gewesen war und immer eine feine Verächtlichkeit ausgestrahlt hatte, zart wie die Spitze, die ihre Brust bedeckte. Ihr Arzt warnte behutsam vor jeder Hast, bat sie, sich mit der Genesung Zeit zu lassen – als hätte Camilla je im Leben etwas schnell getan. Ihre Freunde versammelten sich um die apricotfarbene Satin-Chaiselongue, auf der Camilla lag und ihre Hände bewegte, als hingen sie ihr bleischwer von den Gelenken, und ergingen sich in Bewunderung; früher hatten sie immer das weiße Satin-Sofa im Salon umlagert und sie bewundert, wie sie sich zurücklehnte, die Hände wie matte Lilien im lauen Wind. Jeden Abend, wenn Gerald über die Schwelle ihres duftenden Schlafzimmers schritt, tat sein Herz einen Sprung, und die Worte blieben ihm im Hals stecken; aber das war ihm bei ihrem Anblick immer passiert. Die Mutterschaft hatte Camillas Liebreiz nicht vollendet. Sie hatte ihn immer gehabt.

Gerald kam jeden Abend früh genug nach Hause, um vor dem Essen eine Weile bei ihr zu sein. Er mixte die Cocktails in ihrem Zimmer und beobachtete sie, wie sie daran nippte. Miss Willmarth kam und ging, rückte Blumen zurecht, klopfte Kissen auf. Manchmal brachte sie Diane und führte sie vor, und das waren für Gerald jedesmal wahrhaft ungemütliche Minuten. Er konnte den Anblick von Miss Willmarth mit dem Baby auf dem Arm nicht ertragen, so schmerzhaft peinlich war er ihm für sie. Sie stupste ihren langen Kopf in Dianes winziges Gesichtchen und warf ihn dann zurück in diesen riesigen Nacken, und die ganze Zeit kamen merkwürdige Wörter in einer merkwürdigen Stimme aus ihrem Mund.

»Na, wassn döhnes Mehjen. Da, wassn. Wassn, wassn, wassn. Da, *wassn.*« Dann brachte sie ihm das Baby. »Tuck ma, Papi. Dind wir nich ein droßes, dartes Mehjen? Dind wir nich döhn? Dach ›duht Nach‹, Papi. Wir dehn detz heia-heia machen. Dach ›duht Nach‹«,

O Gott.

Dann brachte sie das Baby zu Camilla. »Dach ›duht Nach‹«, wieherte sie. »›Duht Nach, Mami‹.«

»Wenn dieses Balg dich jemals ›Mami‹ nennt«, sagte er einmal wutentbrannt zu Camilla, »dann setze ich es im Schnee aus.«

Camilla besah sich das Baby, ihr träger Blick schien amüsiert. »Gute Nacht, du Nichtsnutz«, sagte sie dann. Sie streckte einen Finger aus, damit Dianes rosige Hand sich um ihn herumkräuseln konnte. Und Geralds Herz schlug schneller, und seine Augen brannten und glänzten.

Einmal sah er von Camilla weg und auf Miss Willmarth, vom plötzlichen Verstummen ihrer Falsettstimme überrascht. Sie hatte aufgehört, den Kopf vor und zurück zu werfen. Sie stand ganz still da und starrte ihn über das Baby hinweg an; dann sah sie schnell woandershin, aber er hatte wieder den seltsamen Ausdruck in ihrem Gesicht gesehen. Es machte ihn verlegen, er fühlte sich dunkel unwohl. An jenem Abend hielt Miss Willmarth keine weiteren Predigten an Dianes Eltern, die in »duht Nach« gipfelten. Sie trug das Baby schweigend aus dem Raum und zurück ins Kinderzimmer.

Eines Abends brachte Gerald zwei Männer mit nach Hause; schlanke, leger gekleidete junge Männer, die gut Golf und Tennis spielten und mit denen er früher das College geteilt hatte und jetzt die Clubs teilte. Sie standen um die Chaiselongue in Camillas Zimmer und nahmen Cocktails. Miss Willmarth, die nebenan im Kinderzimmer stand und mit dem Puls die Temperatur des Babyfläschchens prüfte, konnte sie alle hören, wie sie flüchtig Konversation trieben; sie warfen ihre Sätze in die Luft und ließen sie dort unfertig hängen. Hin und wieder war Camillas Stimme herauszuhören; die anderen waren sofort still, wenn sie sprach, und wenn sie fertig war, kam prustendes Gelächter. Miss Willmarth stellte sich vor, wie sie da lag, in goldenem Chiffon und kostbarer Spitze, den zierlichen Körper immer leicht abgewandt von den Leuten um sie herum, so daß sie ihren Kopf drehen und ihre gesetzten Worte über die Schulter hinweg sprechen mußte. Das Gesicht der Pflegerin wirkte verblüffend pferdehaft, als sie auf die Wand starrte, die sie trennte.

Sie blieben lange Zeit in Camillas Zimmer, und gelacht wurde immer mehr. Die Tür vom Kinderzimmer zum Flur stand offen, und jetzt hörte sie, wie auch Camillas Tür geöffnet wurde. Bisher hatte sie nur Stimmen hören können, aber jetzt verstand sie auch, was Gerald von der Türschwelle aus zurückrief; seine Worte ergaben nur keinen Sinn für sie.

»Wartet's nur ab, Jungs«, sagte er. »Wartet, bis ihr unsere Halla erst *seht.*«

Er trat in die Kinderzimmertür. In der einen Hand hielt er den Cocktail-Shaker, aus dem er das Glas in der andern füllte.

»Oh, Miss Willmarth«, sagte er. »Guten Abend, Miss Willmarth. Ach, ich wußte gar nicht, daß die Tür hier offen war – äh, ich hoffe, wir haben sie nicht gestört.«

»Oh, aber nicht im entferntesten«, sagte sie. »Bewahre.«

»Tja!« sagte er. »Ich – wir hatten gerade überlegt, ob Sie einen kleinen Cocktail mögen. Bitte, nehmen Sie doch.« Er hielt ihr das Glas entgegen.

»Grundgütiger«, sagte sie und nahm es. »Also, vielen Dank aber auch. Vielen Dank, Mr. Cruger.«

»Ach, und Miss Willmarth«, sagte er, »würden Sie Mary ausrichten, wir sind zwei mehr zum Essen? Und sie möchte bitte erst in einer halben Stunde servieren, ja? Macht es Ihnen etwas aus?«

»Aber nicht im entferntesten«, sagte sie. »Selbstverständlich.«

»Vielen Dank«, sagte er. »Tja! Vielen Dank, Miss Willmarth. Tja! Ich seh Sie dann beim Essen.«

»Ich danke *Ihnen«,* sagte sie. *»Ich* muß mich bei *Ihnen* bedanken. Für den reizenden kleinen Cocktail.«

»Oh«, sagte er, mit einem mißratenen freundlichen Lachen. Er ging zurück in Camillas Zimmer und schloß die Tür hinter sich.

Miss Willmarth setzte ihren Cocktail auf dem Tisch ab und ging nach unten, um Mary von den zu erwartenden Gästen in Kenntnis zu setzen. Sie fühlte sich leicht und flink und erzählte alles fröhlich, voller Erwartung, daß Mary endlich ebenfalls einen Schuß Fröhlichkeit aufbrachte. Aber Mary nahm die Neuigkeit ungerührt entgegen und rauschte durch die Schwingtür ab in die Küche. Miss Willmarth stand da und sah ihr nach. Diese Dienstboten waren wohl alle nie – Sie sollte sich allmählich dran gewöhnt haben.

Obwohl das Abendessen hinausgeschoben worden war, kam Miss Willmarth ein bißchen zu spät. Die drei jungen Männer standen im Eßzimmer, redeten alle durcheinander und lachten alle zusammen. Sie waren sofort still, als Miss Willmarth eintrat, und Gerald tat einen Schritt, um sie bekanntzumachen. Er sah sie an und dann sofort weg. Kribbelnde Verlegenheit überkam ihn. Er stellte die jungen Männer vor und hielt die Augen von Miss Willmarth fern.

Miss Willmarth hatte sich für das Essen feingemacht. Sie hatte die Leinentracht abgelegt und trug ein blaues Taftkleid mit einem V-Ausschnitt und kurzen Ärmeln, die ihre kantigen Ellbogen freiließen. Um die Hüften spielten kleine, steife Rüschen, und der Rock war für sein Alter recht kurz. Er enthüllte, daß Miss Willmarths Fesseln in rauher grauer Seide steckten und die Füße in sargähnlichen schwarzen Pumps, auf denen kleine Schleifen zitterten, wie in verlorenem Schrecken vor der ganzen sie umgebenden Ausdehnung. Sie hatte sich auch die Haare gemacht; sie trug sie in offenen Wellen, und die Spitzen, die der Brennschere entgangen waren, rutschten bereits aus den Nadeln. Nase und Kinn ruhten in voller Länge unter einer massiven Puderdecke; es war nicht der feine, parfümierte Farbhauch, der die Haut umschmeichelt, sondern grobkörniger, grellweißer Körperpuder.

Gerald stellte vor; Miss Willmarth, Mr. Minot; Miss Willmarth, Mr. Forster. Einer der jungen Männer, so zeigte sich, hieß Freddy, der andere Tommy. Miss Willmarth sagte, es wäre ihr ein Vergnügen, sie alle beide kennenzulernen. Und alle beide erkundigten sich nach ihrem Befinden.

Sie setzte sich an den Tisch mit dem Kerzenlicht und den drei schönen jungen Männern. Die übliche allabendliche Aufgedrehtheit war von ihr abgefallen. Schweigend faltete sie ihre Serviette auseinander und nahm den Suppenlöffel zur Hand. Ihr Nacken glühte scharlachrot, und ihr Gesicht sah trotz des Puders mehr denn je aus, als müßte es über die oberste Planke eines Koppelzauns hängen.

»Tja!« sagte Gerald.

»Tja!« sagte Mr. Minot.

»Wird allmählich wärmer draußen, was?« sagte Mr. Forster. »Habt ihr's auch gemerkt?«

»Kann man sagen, ja«, sagte Gerald. »Tja. Ist aber auch fällig, das warme Wetter.«

»Ja, müßte jetzt kommen«, sagte Mr. Minot. »Eigentlich jeden Tag.«

»Ach, das kommt schon«, sagte Mr. Forster. »Das kommt.«

»Ich finde den Frühling hinreißend«, sagte Miss Willmarth. »Einfach hinreißend.«

Gerald schaute tief in seinen Suppenteller. Die beiden jungen Männer schauten hoch zu Miss Willmarth.

»Höllisch gute Jahreszeit«, sagte Mr. Minot. »Ganz gewiß.«

»Und wie!« sagte Mr. Forster.

Sie aßen die Suppe.

Es gab während des ganzen Menüs Champagner. Miss Willmarth sah zu, wie Mary ihr einschenkte, nicht allzu voll. Der Wein sah lustig und hübsch aus. Sie warf einen Blick in die Runde, bevor sie den ersten Schluck nahm. Camillas Stimme und das Gelächter fielen ihr wieder ein.

»Na, dann«, kreischte sie. »Auf unser aller Gesundheit!«

Die Gäste sahen sie an. Gerald griff nach seinem Glas und starrte es so hartnäckig an, als sähe er zum ersten Mal eine Champagnerschale. Alle murmelten und tranken.

»Tja!« sagte Mr. Minot. »Unsern Patientinnen scheint's ja prächtig zu gehen, Miss Witmark. Nicht wahr?«

»Das will ich meinen«, sagte sie. »Sind aber auch prächtige Patientinnen. Nicht wahr, Mr. Cruger?«

»Das sind sie bestimmt«, sagte Gerald. »Wie wahr.«

»Das sind sie bestimmt«, sagte Mr. Minot. »Das sind sie. Tja. Sie lernen ja wohl alle möglichen Leute kennen bei Ihrer Arbeit. Muß ganz schön interessant sein.«

»Oh, manchmal ja«, sagte Miss Willmarth. »Das kommt auf die Leute an.« Die Worte kamen klar und abgesetzt von ihren Lippen und so keimfrei, als wären sie soeben alle einzeln mit Borsäurelösung geschrubbt worden. In Miss Willmarths Ohren dröhnte Camillas helle, arrogant näselnde Stimme.

»Sehr wahr«, sagte Mr. Forster. »Kommt alles auf die Leute an, was? Immer und überall. Egal, was man macht. Trotzdem, muß doch phantastisch interessant sein, die Arbeit. Phantastisch.«

»Phantastisch, wie dieses Land in der Medizin inzwischen aufgeholt hat«, sagte Mr. Minot. »Man sagte mir, wir haben hier die besten Ärzte der Welt. So gut wie irgendeiner in Europa. Oder in der Harley Street.«

»Ich hörte«, sagte Gerald, »sie wollen ein neues Mittel gegen spinale Meningitis gefunden haben.«

»Nein, tat*sächlich?*« sagte Mr. Minot.

»Ja, habe ich auch gelesen«, sagte Mr. Forster. »Phantastische Sache. Phantastisch interessant.«

»Ach, übrigens, Gerald«, sagte Mr. Minot; und dann folgte ein Bericht über seine letzte Golf-Partie, Loch für Loch. Gerald und Mr. Forster lauschten und stellten Fragen.

Die drei jungen Männer ließen das Thema Golf fallen, kamen aber wieder darauf zurück und ließen es fallen und kamen darauf zurück. Zwischendurch erzählten sie Miss Willmarth von Artikeln, die ihnen in der Zeitung aufgefallen waren. Miss Willmarth kommentierte in

Ausrufezeichen und schenkte jedem der Herren bereitwillig ihr breites Lächeln. Gelacht wurde während des ganzen Essens nicht.

Es war alles in allem ein kurzes Mahl. Danach wünschte Miss Willmarth den beiden Gästen eine gute Nacht und erhielt im Gegenzug zwei Bücklinge und zweimal: »*Gute* Nacht, Miss Witmark.« Sie sagte, wie furchtbar gern sie sie doch kennengelernt hätte. Die beiden murmelten.

»Tja, dann gute Nacht, Mr. Cruger«, sagte sie. »Wir sehen uns ja morgen!«

»Gute Nacht, Miss Willmarth«, sagte Gerald.

Die drei jungen Männer gingen wieder nach oben zu Camilla. Miss Willmarth konnte die Stimmen und das Gelächter hören, als sie ihr blaues Taftkleid auf den Bügel hängte.

Fünf Wochen blieb sie bei den Crugers. Camilla ging es wieder ausgesprochen gut – so gut, daß sie an Miss Willmarths letzten Abenden eigentlich ruhig unten hätte essen können, wenn sie die Zumutung ertragen hätte, am selben Tisch mit der ausgebildeten Pflegerin zu essen.

»Ich bekäme wirklich nichts hinunter mit diesem Gesicht gegenüber«, sagte sie zu Gerald. »Geh du und unterhalte unser Pferdchen beim Abendessen, mein Dummkopf. Allmählich kannst du das bestimmt gut.«

»Na schön, ich tu's, Liebling«, sagte er. »Aber wenn sie mich nach einem Stück Zucker fragt, dann Gnade mir Gott, daß ich es ihr nicht auf der flachen Hand vor die Nase halte.«

»Nur noch zwei Abende«, sagte Camilla, »und Donnerstag ist dann Nana wieder hier, und Miss Willmarth geht, für immer.«

»›Für immer‹, Schatz, ist mein Lieblingswort«, sagte Gerald.

Nana war eine zuverlässige, rundliche Schottin und hatte schon Camilla großgezogen; jetzt sollte sie ebenso planmäßig die nichtsahnende Diane durch die Kindheit manövrieren. Sie war eine gemütliche Frau, die man gut um sich haben konnte; ein Dienstmädchen, und das wußte sie auch.

Nur noch zwei Abende. Gerald ging nach unten zum Essen und pfiff eine alte Melodie.

Die alte graue Stute ist auch nimmer, was sie war,
auch nimmer, was sie war, auch nimmer, was sie war –

Die letzten Abendessen mit Miss Willmarth waren wie alle anderen. Er kam als erster und starrte in die Kerzen, bis sie auch erschien.

»Na, Mary«, schrie sie schon beim Eintreten. »Sie wissen ja, wie man sagt – lieber spät als gar nie.«

Mary blieb ungerührt, bis zuletzt.

Gerald war den ganzen Tag, an dem Miss Willmarth auszog, freudig erregt. Er hatte ein Gefühl wie Ferien oder letzter Schultag, aber ohne diese vage Trauer. Er verließ zeitig sein Büro, hielt bei einem Blumenladen und ging dann nach Hause, zu Camilla.

Nana war bereits ins Kinderzimmer gezogen, aber Miss Willmarth war noch nicht weg. Sie stand in Camillas Zimmer, und zum zweiten Mal sah er sie ohne ihre Schwesterntracht. Sie trug einen langen braunen Mantel und einen abgewetzten braunen Samthut, dessen Form nicht mehr auszumachen war. Offensichtlich war sie gerade in peinliche Verabschiedungen verwickelt. Die

Melancholie machte ihr Gesicht so pferdegleich, daß der Hut oben drauf wirkte wie der reine Unfug.

»Hach, da ist ja Mr. Cruger«, wieherte sie.

»Oh, guten Abend, Miss Willmarth«, sagte er. »Tja! Ach, hallo, Liebling. Wie geht es dir, Schatz? Magst du die hier?«

Er legte Camilla eine Blumenschachtel in den Schoß. Darin steckten merkwürdige kleine gelbe Rosen mit Stielen und Blättern und winzigen, weichen Dornen ganz in Blutrot. Miss Willmarth quiekte auf, als sie sie sah.

»Ach, die Schnuckelchen!« krähte sie. »Die Döhnen!«

»Und die hier sind für Sie, Miss Willmarth«, sagte er. Er zwang sich, ihr ins Gesicht zu sehen, und streckte ihr eine etwas kleinere, quadratische Schachtel entgegen.

»Hach, Mr. Cruger«, sagte sie. »Für mich, wirklich? Hach, wirklich, Mr. Cruger?«

Sie öffnete die Schachtel und fand vier mit grüner Folie und grünen Schleifen dekorierte Gardenien.

»Also wirklich, nein, Mr. Cruger«, sagte sie. »Hach, nie im Leben hab ich – O nein, das sollten Sie doch nicht. Wirklich, das war doch nicht nötig. Grundgütiger Himmel! Na, sowas Wunderhübsches hab ich ja im Leben nicht gesehen. Sie, Mrs. Cruger? Sie sind *wunderhübsch*. Also, ich weiß gar nicht, wie ich *anfangen* soll, Ihnen zu danken. Hach, ich – also, ich finde sie einfach zum Anbeten.«

Gerald gab Geräusche von sich, aus denen hervorgehen sollte, daß er sich freute, wie gut sie ihr gefielen, und sie seien doch nicht der Rede wert, das sei doch selbstverständlich. Ihr dankbares Wiehern ließ seine Ohren tief drinnen rot erglühen.

»Die sind aber hübsch«, sagte Camilla. »Stecken Sie sie an, Miss Willmarth. Und diese hier sind wirklich sagenhaft, Gerry. Manchmal ist doch was an dir.«

»Oh, ich wollte sie eigentlich nicht *tragen«,* sagte Miss Willmarth. »Ich dachte, ich nehme sie in der Schachtel mit, so, dann halten sie sich auch besser. Und die Schachtel ist auch so hübsch – die möchte ich gern mitnehmen. Ich – ich würde sie gern behalten.«

Sie sah auf die Blumen hinunter. Gerald packte plötzlich der Schreck, sie könnte wieder ihren Kopf hineinstecken und dann nach hinten werfen und ihr »wassn, wassn, wassn« vom Stapel lassen.

»Wahrhaftig«, sagte sie, »ich kriege meine Augen gar nicht mehr *los.«*

»Die Frau spinnt«, sagte Camilla. »Das kommt dabei raus, wenn man mit uns lebt, nehme ich an. Ich hoffe, wir haben Sie nicht fürs Leben verdorben, Miss Willmarth.«

»Hach, Mrs. Cruger«, wieherte Miss Willmarth. »Nein, wirklich! Ich habe es gerade schon Mrs. Cruger gesagt, Mr. Cruger, ich hatte im Leben keinen so angenehmen Fall. Es war einfach die schönste Zeit meines Lebens, die ganze Zeit, die ich hier war. Ich weiß nicht, wann – wahrhaftig, ich muß immer mein Sträußchen ansehen, sie sind so wunderhübsch. Also, ich kann Ihnen gar nicht danken für alles, was Sie getan haben.«

»Nun, wir haben Ihnen zu danken, Miss Willmarth«, sagte Gerald. »Ganz gewiß.«

»Ich sage so ungern auf Wiedersehen«, sagte Miss Willmarth. »So schrecklich ungern.«

»Dann lassen Sie es doch«, sagte Camilla. »Ich finde es

auch nicht gerade traumhaft schön. Und vergessen Sie nicht, Sie müssen das Baby ansehen kommen, wann immer Sie können.«

»Ja, das müssen Sie bestimmt«, sagte Gerald. »Sehr wahr.«

»Oh, das werde ich«, sagte Miss Willmarth. »Grundgütiger, ich trau mich gar nicht, die Kleine noch einmal anzusehen, sonst komme ich überhaupt nicht mehr weg. Na, was denke ich denn da! Hach, der Wagen wartet die ganze Zeit. Mrs. Cruger besteht einfach darauf, mich mit dem Wagen nach Hause bringen zu lassen. Ist sie nicht schrecklich, Mr. Cruger?«

»Aber nein, gar nicht«, sagte er. »Aber selbstverständlich.«

»Na, es sind doch nur fünf Blocks runter und dann rüber zur Lexington Avenue«, sagte sie, »und ich möchte Ihnen wirklich keine Umstände machen.«

»Aber nein, gar nicht«, sagte Gerald. »Tja! Da wohnen Sie, Miss Willmarth?«

Sie wohnte tatsächlich manchmal irgendwo für sich? Sie scheuchte nicht dauernd anderer Leute Haushalt auf?

»Ja«, sagte Miss Willmarth. »Ich habe meine Mutter da.«

Oh. Gerald hatte sich nie überlegt, daß sie eine Mutter haben könnte. Dann mußte es ja auch irgendwann einen Vater gegeben haben. Und Miss Willmarth war auf der Welt, weil sich einmal zwei Leute geliebt und gekannt hatten. Das war keine zum Verweilen verlockende Vorstellung.

»Meine Tante lebt auch bei uns«, sagte Miss Willmarth. »Das ist so schön für Mutter – Mutter kommt nämlich gar nicht mehr gut zurecht. Es ist zwar ein bißchen eng zu dritt – ich schlafe auf dem Diwan, wenn ich zwischen meinen Fällen zu Hause wohne. Aber es ist sehr schön für Mutter, daß meine Tante auch da ist.«

Sogar in ihrer Freizeit war Miss Willmarth also eine Ruhestörung und jemand zuviel. Nie bewohnte sie einen Raum, der eigens für ihren Gebrauch geplant worden war; kein Bett, keine Ecke für sich; sich ankleiden vor anderer Leute Spiegel, essen mit anderer Leute Silber, kein Blick aus einem Fenster, das ihr gehörte. Tja. Zweifellos hatte sie das schon so lange nicht anders gekannt, daß es ihr nichts ausmachte und sie nicht einmal darüber nachdachte.

»O ja«, sagte Gerald. »Ja, das ist gewiß sehr schön für Ihre Mutter. Tja! Tja! Darf ich Ihr Gepäck für Sie zumachen, Miss Willmarth?«

»Oh, alles schon erledigt«, sagte sie. »Der Koffer steht unten. Ich gehe nur eben meine Hutschachtel holen. Tja, also dann auf Wiedersehen, Mrs. Cruger, und passen Sie gut auf sich auf. Und tausendmal Dankeschön.«

»Viel Glück, Miss Willmarth«, sagte Camilla. »Kommen Sie das Baby besuchen.«

Miss Willmarth sah zu Camilla und dann zu Gerald, der neben ihr stand und eine ihrer langen, weißen Hände hielt. Sie ging aus dem Zimmer und holte ihre Hutschachtel.

»Ich trage sie Ihnen hinunter, Miss Willmarth«, rief Gerald hinter ihr her.

Er beugte sich vor und küßte Camilla sanft, sehr sehr sanft.

»Tja, jetzt ist es fast vorbei, Liebling«, sagte er. »Manchmal glaube ich fast, daß es einen Gott gibt.«

»Das war aber höllisch anständig von dir, ihr Gardenien zu schenken«, sagte Camilla. »Wie bist du denn darauf gekommen?«

»Ich war so außer Rand und Band, daß sie wirklich geht«, sagte er, »daß ich den Verstand verloren haben muß. Niemand war überraschter als ich selbst. Gardenien für Pferdchen. Gottseidank hat sie sie nicht auch noch angesteckt. Dem Anblick hätte ich nicht standgehalten.«

»Straßenkleider sind wirklich nicht ihre Glanzrolle«, sagte Camilla. »Ihr geht wohl ein gewisser *Chic* ab.« Sie reckte die Arme langsam über den Kopf und ließ sie dann langsam wieder sinken. »Das war aber ein faszinierender Einblick in ihr Leben, den sie uns da gewährt hat. Sehr komisch.«

»Oh, ich glaube, ihr macht das nichts aus«, sagte er. »Ich gehe jetzt nach unten und setze sie in den Wagen, und dann sind wir erlöst.«

Er beugte sich wieder über Camilla.

»Oh, du siehst wunderhübsch aus, Schatz«, sagte er. »So *wunderhübsch.*«

Miss Willmarth kam den Flur entlang, als Gerald aus dem Zimmer trat, und balancierte eine Hutschachtel aus Pappe, die Blumenschachtel und eine große, altgediente Ledertasche. Er nahm ihr die Schachteln ab, obwohl sie protestierte, und ging hinter ihr die Treppe hinunter und zu dem Automobil, das am Bordstein wartete. Der Chauffeur stand am offenen Wagenschlag. Gerald war froh, daß er auch da war.

»Tja, viel Glück dann, Miss Willmarth«, sagte er. »Und vielen vielen Dank.«

»Dank *Ihnen,* Mr. Cruger«, sagte sie. »Ich – ich kann gar nicht sagen, wie gut es mir hier gefallen hat, die ganze Zeit. Ich hatte noch nie einen angenehmeren – Und die Blumen und alles. Ich weiß gar nicht, was ich sagen soll. Ich bin es, die *Ihnen* zu danken hat.«

Sie reichte ihm eine Hand im braunen Baumwollhandschuh. Was soll's, zerschlissene Baumwolle war erträglicher anzufassen als trockenes, rissiges Fleisch. Dieses war ihr letzter Augenblick. Es machte ihm jetzt kaum etwas aus, in dieses lange Gesicht über dem sehr roten Hals zu sehen.

»Tja!« sagte er. »Tja! Nichts vergessen? Tja, nochmals viel Glück, Miss Willmarth, und vergessen Sie uns nicht.«

»O nein, nein«, sagte sie. »Ich – oh, wie könnte ich.«

Sie wandte sich ab, stieg eilig in den Wagen und saß aufrecht in den blaßgrauen Polstern. Der Chauffeur stellte ihr die Hutschachtel zu den Füßen und die Blumenschachtel neben sie auf den Sitz, klappte elegant die Tür zu und setzte sich wieder hinter das Lenkrad. Gerald winkte fröhlich, als der Wagen davonglitt. Miss Willmarth winkte nicht.

Als sie sich umsah, durch die kleine Rückscheibe, war er längst im Haus verschwunden. Er mußte den Bürgersteig rennend hinter sich gebracht haben – rennend, um schnell wieder in dem duftenden Zimmer und bei den kleinen gelben Rosen und bei Camilla zu sein. Das kleine rosige Baby lag sicher schlafend in seinem Bett. Sie waren wieder allein zusammen; sie würden zu zweit allein bei Kerzenlicht zu Abend essen; sie würden des Nachts zu zweit allein sein. Jeden Morgen und jeden Abend würde Gerald neben ihr auf die Knie fallen und ihre parfümierte Hand küssen und sie Schatz nennen. Und immer würde sie vollkommen makellos sein, in duftigem Chiffon und kostbarer Spitze. Schlanke, legere junge Männer würden ihrem affektierten Näseln lauschen und ihr ihr Lachen schenken. Jeden Tag würden glänzend weiße Schachteln voller eigentümlicher Blüten für sie geliefert werden. Vielleicht war es ein Glück, daß gerade niemand in die Limousine sah. Wer es getan hätte, hätte verwirrt feststellen müssen, daß ein menschliches Gesicht wirklich so aussehen konnte wie das Gesicht einer abgehalfterten Stute.

Jetzt bog der Wagen mit dem anderen Verkehr um eine Kurve. Die Blumenschachtel rutschte gegen Miss Willmarths Knie. Sie sah hinunter. Dann nahm sie sie auf den Schoß, hob ein wenig den Deckel und schaute auf das wächserne weiße Bouquet. Jetzt wäre für den zufälligen Betrachter alles wieder in Ordnung gewesen; Miss Willmarths seltsame Ähnlichkeit verschwand, als sie ihre Blumen ansah. Es waren ihre Blumen. Ein Mann hatte sie ihr geschenkt. Sie hatte Blumen geschenkt bekommen. Vielleicht hielten sie ja ein paar Tage. Und jedenfalls durfte sie die Schachtel behalten.

********* VETTER LARRY *********

Die junge Frau in dem Kleid aus über und über mit Pagoden zwischen riesigen Kornblumen gemustertem Crêpe de Chine schwang ein Knie über das andere und musterte mit beneidenswerter Zufriedenheit die Spitze ihrer durchbrochenen, grünen Sandalette. Dann begutachtete sie, in einer gleichermaßen glücklichen Ruhe, ihre Fingernägel, die von einem so dicken und leuchtenden Rot waren, als hätte sie eben erst davon abgelassen, mit den bloßen Händen einen Ochsen in Stücke zu reißen. Dann schlug sie abrupt das Kinn auf die Brust und machte sich zu schaffen an den vom Friseur ondulierten Locken, scharfkantig und trocken wie Sägespäne, hinten in ihrem Nacken; und wieder wirkte sie wie eingehüllt in wohlige Zufriedenheit. Dann zündete sie sich eine neue Zigarette an und schien auch das, wie alles an sich, gut zu finden. Dann knüpfte sie wieder daran an, was sie vorher gesagt hatte.

»Nein, im Ernst«, sagte sie. »Ehrlich. Ich hab die Nase so voll von diesem ganzen Gerede über Lila – ›Ach, die arme Lila‹ hier und ›Ach, das arme Ding‹ da. Wenn sie unbedingt Mitleid mit ihr haben wollen – nun ja, dies ist bekanntlich ein freies Land, aber alles, was ich dazu sagen kann, ist, meiner Meinung nach sind die verrückt. Meiner Meinung nach haben die ihre fünf Sinne nicht beisammen. Wenn sie mit irgendwem Mitleid haben wollen, na, dann doch mit Vetter Larry, warum eigentlich nicht mit *dem?* Das hätte wenigstens mal Sinn, zur Abwechslung. Hör mal, mit Lila braucht niemand Mitleid zu haben. Die ist bestens bedient; die tut nie auch nur das Geringste, wenn sie nicht will. Die ist am besten von allen bedient, die ich kenne. Und überhaupt, das ist sowieso alles ihre Schuld. So ist sie eben; das ist ihre verdammte verdorbene Anlage. Na, und das kann ja wohl keiner von einem erwarten, daß man mit jemand Mitleid hat, der selber schuld ist, oder? Hat das irgendeinen Sinn? Also sag mal!

Hör mal, ich kenne Lila. Ich kenne sie seit Jahren. Ich habe sie praktisch tagein, tagaus gesehen. Na, du weißt ja, wie oft ich die beiden besucht habe da auf dem Land. Du weißt, wie gut man jemanden kennenlernt, nachdem man da zu Besuch ist; und genau so kenne ich Lila. Und ich mag sie. Tu ich ganz bestimmt. Ich finde Lila völlig in Ordnung, solange sie sich anständig benimmt. Allerdings, wenn sie anfängt sich selbst zu bemitleiden und loslegt mit ihrem Gejammer und ihrer Fragerei und ihrer Art, allen Leuten den Spaß zu verderben, dann ist sie ein Brechmittel. Streckenweise ist sie ja völlig in Ordnung. Einfach nur selbstsüchtig, sonst nichts. Sie ist einfach eine verkorkste, selbstsüchtige Frau. Und dann, wie die Leute reden über Larry, weil er mal in die Stadt fährt und um die Häuser zieht ohne sie! Hör mal zu, die bleibt zu Hause, weil sie das will. Die geht viel lieber früh ins Bett. Ich hab's doch erlebt, Abend für Abend, als ich da zu Besuch war. Ich kenne sie wie ein Buch. Als ob *die* jemals etwas macht, was sie sich nicht in den Kopf gesetzt hat!

Ehrlich. Ich koche einfach, wenn ich höre, daß irgendwer irgendwas gegen Larry sagt. Die sollen mal kommen und vor mir an ihm herumkritisieren, sollen die mal. Denn dieser Mann ist ein lebendiger Heiliger, das ist er. Wie von ihm überhaupt noch irgendwas übriggeblieben ist, nach zehn Jahren mit der Frau, das versteh ich nicht. Die kann ihn keine Sekunde in Ruhe lassen; immer muß sie bei allem mitmischen, immer muß sie die Pointe erklärt kriegen und worüber er gerade lacht, und ach, er soll's ihr doch sagen, er soll's ihr doch sagen, damit sie auch mitlachen kann. Dabei gehört sie zu diesen bierernsten Tatterköpfen, die sowieso nie was komisch finden, die keinen Scherz verstehen oder sonstwas, und dann will sie auch noch ganz auf Draht sein und selbst mitspielen und – also, da kann man gar nicht hingucken, ganz einfach. Und der arme Larry, der nun wirklich so komisch ist und soviel Humor hat und alles. Ich hätte eigentlich erwartet, daß sie ihm seine sämtlichen fünf Sinne geklaut hat, vor Jahren schon.

Und dann, kaum sieht sie, daß der arme Mensch mit irgendwem ein bißchen Spaß hat, ein paar Minuten bloß, da wird sie – nun ja, eifersüchtig wird sie nicht, sie ist viel zu egozentrisch, um auch nur eine Sekunde Eifersucht zu kennen – sie ist so verdammt mißtrauisch, sie hat eine so verdorbene, schmutzige Phantasie, sie wird einfach gemein. Und zwar zu mir, ausgerechnet. Also sag mal! Zu mir, wo ich Larry praktisch mein ganzes Leben lang kenne. Also, ich nenne ihn seit Jahren schon Vetter Larry – das zeigt doch wohl, was ich immer für ihn empfunden habe. Und gleich beim allerersten Mal, als ich da zu Besuch fuhr, hat sie angefangen von wegen warum ich ihn Vetter Larry nenne, und ich hab gesagt, ach, ich kenne ihn eben so gut, daß er für mich irgendwie zur Verwandtschaft gehört, und dann hat sie angefangen zu schnurren, die alte Schrulle, und hat gesagt, also, dann müßte ich sie aber auch in die Familie aufnehmen, und ich hab gesagt, ja, das wär so'n Spaß oder so. Und ich *habe* versucht, sie mit Tante Lila anzureden, aber es *ging* eben einfach wirklich nicht für mein Gefühl. Außerdem war sie damit offenbar auch nicht glücklicher. Nun ja, sie ist eben aus dem Holz, die ist erst glücklich, wenn es ihr dreckig geht. Die genießt das, wenn es ihr dreckig geht. Darum macht sie das doch überhaupt. Als ob die jemals was macht, was sie nicht will!

Ehrlich. Der arme Vetter Larry. Stell dir vor, die schmutzige alte Schachtel versucht, irgendeinen Strick daraus zu drehen, daß ich ihn Vetter Larry nenne. Na, ich habe mich von der natürlich nicht davon abhalten lassen; meine Freundschaft mit Larry ist ja wohl ein bißchen mehr wert als das. Und er nennt mich ja auch Zuckerschneckchen, wie er es eben immer getan hat. Er hat mich immer sein Zuckerschneckchen genannt. Findest du nicht, sie müßte eigentlich kapieren, daß er mich, wenn da irgendwas hintersteckte, doch wohl nicht die ganze Zeit so nennen würde, genau vor ihren Augen, oder?

Also wirklich. Sie spielt ja eigentlich überhaupt keine Rolle in meinem jungen Leben, bloß mir tut eben Larry so entsetzlich leid. Ich würde ja keinen Fuß mehr in sein Haus setzen, wenn es nicht seinetwegen wäre. Aber er sagt – er hat natürlich nie auch nur ein Wort gegen sie gesagt, ist so einer, immer verschwiegen wie eine Auster, wenn's um die Frau geht, mit der er zufällig verheiratet ist –, er sagt, das kann sich ja keiner vorstellen, wie das ist, da mit Lila allein zu sein. Deshalb bin ich ja hingefahren, in erster Linie. Und da habe ich verstanden, was er meint. Die ist doch am ersten Abend, als ich im Haus war, um zehn Uhr ins Bett gegangen. Vetter Larry und ich haben ein paar alte Grammophon-Platten gespielt – naja, irgendwas *mußten* wir ja machen, die lachte doch nie oder machte die Witze oder sonstwas mit, was wir machten, saß bloß da wie ein alter Stock –, und zufällig habe ich dann ganz zufällig einen Haufen alte Stücke gefunden, die Larry und ich immer gesungen hatten oder wo wir tanzen nach waren und alles. Na, du weißt ja, wie das ist, wenn man einen Mann richtig sehr gut kennt, dann hat man immer was, was einen an was erinnert, und wir waren am Lachen und Plattenauflegen und Reden. Zum Beispiel: ›Weißt du noch, damals?‹ und ›An was erinnert dich das?‹ und so, wie das ja alle machen; und als erstes, weißt du, ist Lila aufgestanden und hat gesagt, wir hätten ganz bestimmt nichts dagegen, wenn sie jetzt ins Bett ginge – sie wäre so entsetzlich müde. Und Larry hat mir dann erzählt, so macht sie das immer, wenn sich alle um sie rum gerade köstlich amüsieren. Auch wenn gerade Besuch da ist, wenn sie so entsetzlich müde ist, dann hat der eben Pech gehabt, und Schluß. So eine Lappalie hält *die* doch nicht zurück. Wenn die ins Bett will, dann *geht* die.

Deshalb bin ich doch so oft hingefahren. Du ahnst ja nicht, was für ein wahrer Segen das für Larry ist, wenn er jemand hat, mit dem er noch zusammensitzen kann, nachdem die liebe Lila um zehn Uhr ins Bett geht. Und außerdem bin ich auch jemand, mit dem der arme Mensch Golf spielen kann, am Tage; Lila kann doch kein Golf – ach, die muß irgendwie einen Dachschaden haben, sieht ihr ganz ähnlich. Ich würde ja nicht freiwillig in ihre Nähe gehen, wenn es nicht so eine Hilfe für Larry wäre. Du weißt doch, wie wahnsinnig gern er sich amüsiert. Und Lila ist *alt* – sie ist eine *uh-ur-alte* Frau! Ehrlich. Larry – naja, bei Männern ist es natürlich sowieso völlig egal, wie alt sie sind, an Jahren, meine ich; was zählt, ist, wie er sich fühlt. Und Larry ist eben wie ein Kind. Ich erzähle Lila immer wieder, weil ich ihr mal ihren garstigen, bösartigen Kopf ein bißchen waschen will, Vetter Larry und ich zusammen sind bloß ein Paar verrückte Kinder. Also sag mal, findest du nicht, sie müßte eigentlich genug Grips haben um mitzukriegen, daß sie aus dem Spiel ist und daß das einzige, was sie machen kann, ist, wenn sie sich zurücklehnt und die Leute sich amüsieren läßt, die das noch können? Denn *sie* amüsiert sich; früh ins Bett geht sie doch *gern*. Hat ja auch gar keiner was dagegen – aber findest du nicht, sie müßte sich dann eigentlich um ihren eigenen Kram kümmern und nicht dauernd Fragen stellen und wissen wollen, worum was gerade geht?

Na, jetzt guck doch mal. Einmal war ich da bei ihnen und hatte zufällig gerade Orchideen an. Also hat Lila gesagt, ach, die wären aber hübsch und so und wer mir die denn geschickt hätte. Ehrlich. Sie hat mich von sich aus gefragt, wer mir die geschickt hat. Also hab ich gedacht, naja, geschieht dir ganz recht, und hab ihr erzählt, es war Vetter Larry. Ich hab erzählt, sie wären zu einem von unseren irgendwie Jubiläen – du weißt ja, wie das ist, wenn man einen Mann sehr lange kennt, hat man ja immer irgendwie kleine Jubiläen, das erste Mal, daß er einen zum Essen ausgeführt hat, oder das erste Mal, daß er einem Blumen geschickt hat, oder sowas. Also jedenfalls, so eins war das, und ich hab Lila erzählt, was für ein wundervoller Freund Vetter Larry für mich ist und wie er immer an solche Sachen denkt und wieviel Spaß er daran hat, er schien richtig Freude an solchen kleinen Aufmerksamkeiten zu haben. Also sag mal. Findest du nicht, daß einfach jeder auf der Welt kapieren müßte, wie unschuldig sowas ist, wenn man darüber erzählen kann? Und weißt du, was sie gesagt hat? Ehrlich. Sie hat gesagt: ›Ich mag Orchideen auch.‹ Da hab ich einfach gedacht, tja, vielleicht wenn du fünfzehn Jahre jünger wärst, dann kriegtest du eventuell auch noch einen ab, der dir welche schickt, Kindchen, aber gesagt habe ich nichts. Ich hab nur gesagt: ›Ach, steck dir doch die hier an, Lila, ja?‹ Einfach so; und der Herrgott weiß, ich hätte das nicht nötig gehabt, nicht? Aber, ach nein, das wollte sie nicht. Nein, sie fände, sie ginge sich jetzt einfach ein bißchen hinlegen, wenn ich nichts dagegen hätte. Sie wäre so entsetzlich müde.

Und dann – ach, Liebes, das hätte ich fast vergessen dir zu erzählen. Wenn du das hörst, fällst du tot um, du brichst komplett zusammen. Also, das letzte Mal, als ich da war, da hatte mir Vetter Larry ein paar Chiffon-Unterhöschen geschickt; also sowas von putzig. Weißt du, einfach so aus Jux, diese kleinen rosa Chiffondinger, wo ›Mais l'amour viendra‹ draufgestickt ist, in Schwarz. Das heißt: ›Die Liebe wird kommen.‹ Du weißt schon. Er hat sie irgendwo im Schaufenster gesehen und mir einfach geschickt, einfach so aus Jux. Er macht dauernd solche Sachen wie – He, du meine Güte, erzähl das bloß keinem, nein? Denn, der Herrgott weiß, wenn es irgendwas zu *bedeuten* hätte, würde ich es dir gar nicht erzählen, das *weißt* du, aber du weißt ja, wie die Leute sind. Und es gibt schon genug Gerede, bloß weil ich manchmal mit ihm ausgehe, damit der arme Mensch mal Gesellschaft hat, während Lila im Bett liegt.

Achso, ja, jedenfalls, er hat mir diese Dinger geschickt, und als ich zum Abendessen runterkam – wir waren nur wir drei; das ist auch noch sowas, sie läßt nie jemand ins Haus, außer wenn er unbedingt darauf besteht –, und ich hab zu Larry gesagt: ›Ich hab eins an, Vetter Larry.‹ Und Lila mußte das natürlich gleich hören und hat gesagt: ›Was hast du denn an?‹ und gefragt und gefragt, und ich hatte natürlich nicht vor, ihr das zu erzählen, und ich fand das einfach so urkomisch, daß ich fast gestorben bin, weil ich doch nicht lachen wollte, aber jedesmal, wenn ich Larrys Blick erwischt hab, sind wir beide schier rausgeplatzt. Und Lila hat immer gesagt, ach, worüber lacht ihr denn, und ach, wir sollten's ihr doch sagen, wir sollten's ihr doch sagen. Und schließlich, als sie gemerkt hat, wir sagen's ihr nicht, da mußte sie unbedingt ins Bett, ohne Rücksicht auf *unsere* Gefühle. Mein Gott, darf man denn nicht mal Witze machen? Dies ist ja wohl ein freies Land, nicht?

Ehrlich. Und sie wird immer nur noch schlimmer. Das macht mich einfach krank an Larry. Ich kann mir nicht vorstellen, was er überhaupt tun kann. Du weißt ja, eine Frau wie die würde in einer Million Jahren in keine Scheidung einwilligen, selbst wenn ihm das Geld gehörte. Larry sagt ja nie was, aber ich wette, es gibt Zeiten, wo er sich einfach wünscht, sie ist *tot*. Und alle würden sagen: ›Ach, die arme Lila‹, ›Ach, die arme, liebe Lila, ist das nicht eine Schande?‹ Das liegt daran, daß sie die alle beiseitenimmt und anfängt zu schluchzen, von wegen überhaupt keine Kinder haben. Ach, wie sehr sie sich ein Baby wünscht. Ach, wenn sie und Larry doch nur ein Baby hätten, blah blah blah blah blah. Und dann die Augen voller Tränen – du weißt ja, du hast sie ja mal so gesehen. Die Augen voller Tränen! Die hat gerade Grund zum Heulen, tut doch immer nur das, was sie will, die ganze Zeit. Ich wette, das ist bloß so ein Spruch, von wegen kein Baby. Das macht sie bloß, um sich Mitleid zu verschaffen. Die ist viel zu verkorkst selbstsüchtig, die hätte nie ihre eigene Bequemlichkeit aufgegeben, um eins zu haben. So ist das nämlich mit der. Denn dann hätte sie ja womöglich bis nach zehn Uhr aufbleiben müssen.

Die arme Lila! Ehrlich, ich könnte Würfelhusten kriegen. Warum sagen sie nicht mal der arme Larry, zur Abwechslung? Mit ihm muß man Mitleid haben. Nun ja. Für mich steht jedenfalls fest, für Vetter Larry würde ich alles tun, was ich kann, soviel steht für *mich* fest.«

Die junge Frau im gemusterten Crêpe-de-Chine-Kleid zog die ausgebrannte Zigarette aus der Pappspitze und schien, während sie das tat, zunehmend Gefallen an dem wohlvertrauten Anblick ihrer reichlich grell gefärbten Nägel zu finden. Dann nahm sie aus ihrem Schoß ein Etui aus Gold oder einem sehr ähnlichen Material und ergründete in dem winzigen Spiegel hingebungsvoll ihr Gesicht, als wäre es die reine Poesie. Sie runzelte die Augenbrauen, sie zog die Oberlider fast bis ganz auf die Unterlider herab, sie drehte den Kopf wie in einer bedauernden Ablehnung, sie schob den Mund zu den Seiten nach Art eines Exotenfischs; und als sie mit all dem fertig war, wirkte sie noch gelassener überzeugt von ihrer Güte. Dann zündete sie sich eine neue Zigarette an und schien auch das tadellos zu finden. Dann knüpfte sie wieder daran an, was sie vorher gesagt hatte.

Mensch, Mona! Mensch, du armes krankes Hühnchen, du! Ach, wie klein und weiß und *klein* du aussiehst, ja, doch, wie du da liegst in diesem Riesenbett. Das ist wieder typisch du – gehst hin und siehst aus wie ein Kindchen und kannst einem leid tun, und kein Mensch brächte es übers Herz, mit dir zu schimpfen. Und dabei müßte ich mit dir schimpfen, Mona. O ja, das müßte ich sehr wohl. Sagst mir gar nicht, daß du krank bist. Kein Wort davon zu deiner ältesten Freundin. Liebling, du weißt sehr gut, daß ich Verständnis gehabt hätte, egal was du getan hast. Was ich meine? Wieso, was meinst *du* denn mit was ich meine, Mona? Aber sicher, wenn du lieber nicht darüber reden – Nicht einmal mit deiner ältesten Freundin. Ich wollte *nur* sagen, du weißt sehr gut, daß ich immer für dich da bin, egal was kommt. Ich gebe ja zu, manchmal finde ich es etwas schwer zu begreifen, wie in aller Welt du in so eine – naja. Meine Güte, ich möchte dich jetzt nicht anmeckern, wo du so krank bist.

Schon gut, Mona, dann bist du eben *nicht* krank. Wenn das deine Ansicht ist, sogar mir gegenüber, schön, in Ordnung, meine Liebe. Höchstwahrscheinlich muß man fast zehn Tage das Bett hüten, wenn man gar nicht krank ist, und höchstwahrscheinlich sieht man auch so aus wie du, wenn man gar nicht krank ist. Nur die Nerven? Du warst einfach völlig erschöpft? A ja. Ach, Mona, Mona, spürst du denn nicht, mir kannst du doch vertrauen.

Schön, wenn du so zu mir sein möchtest, dann möchtest du eben so sein. Ich werde nicht mehr darüber reden. Ich finde lediglich, du hättest mir sagen können, daß du eine – äh, daß du so *übermüdet* warst, so soll ich es ja wohl nennen. Wieso, ich hätte doch nie ein Wort erfahren, wenn ich nicht zufällig mit Alice Patterson zusammengerannt wäre und die mir nicht gesagt hätte, daß sie bei dir angerufen hat und daß dieses Mädchen da bei dir gesagt hat, daß du seit zehn Tagen krank im Bett liegst. Natürlich, ich fand es auch etwas komisch, daß ich nichts mehr von dir gehört habe, aber du weißt ja selber, wie du bist – du läßt einen einfach sausen, Wochen vergehen wie, naja, eben *Wochen,* und von dir kein Lebenszeichen. Gott, ich hätte schon x-mal tot sein können, und du hättest es gar nicht mitgekriegt. Zwanzigmal. Na, ich will nicht mit dir schimpfen, wenn du krank bist, aber Hand aufs Herz, Mona, dieses Mal habe ich mir gesagt: »So, jetzt soll sie auch mal warten, daß ich mich melde. Ich habe oft genug eingelenkt, das weiß der Himmel. Jetzt soll *sie* mal zuerst anrufen.« Wirklich und wahrhaftig, das habe ich gesagt!

Und dann traf ich Alice und kam mir schäbig vor, ganz gemein. Und jetzt sehe ich dich da liegen – Mensch, ich fühle mich wie ein Schweinehund. Das machst du nämlich mit Leuten, sogar wenn du im Unrecht bist, wie üblich, du kleines Biest, du! Ach, der arme Liebling! Fühlt sich so gräßlich, ja?

Ach, hör doch auf, hier die Tapfere zu spielen, Kind. Vor mir doch nicht. Gib dich drein – das hilft nämlich sehr. Erzähl mir einfach die ganze Geschichte. Du weißt, ich werde kein Wort sagen. Jedenfalls solltest du das wissen. Als Alice mir erzählte, dieses Mädchen da von dir hätte gesagt, du wärst völlig erschöpft und deine Nerven wären im Eimer, da habe ich natürlich nichts gesagt, aber gedacht habe ich mir: »Tja, anders könnte Mona das gar nicht nennen. Vermutlich ist das die beste Ausrede, die ihr einfällt.« Und *ich* würde sie selbstverständlich nie anzweifeln – aber es wäre vielleicht doch besser gewesen, du hättest eine Grippe oder eine Lebensmittelvergiftung vorgeschützt. Schließlich bleibt man nicht bloß wegen der Nerven zehn Tage im Bett. Schon gut, Mona, dann tut man das. Dann tut man das. Jawohl, Liebes.

Oh, allein der Gedanke, was du durchgemacht hast und wie du hier allein rumkrauchst wie ein wundes Tierchen oder so. Und nur diese farbige Edie soll für dich sorgen. Liebling, müßtest du nicht eine ausgebildete Krankenschwester haben, ich meine, wirklich? Da gibt es doch bestimmt einiges, was man für dich tun müßte. Wieso, Mona! Mona, bitte! Liebes, du brauchst dich nicht so aufzuregen. Also schön, meine Liebe, ganz wie du meinst – gar nichts muß man für dich tun. Ich habe mich geirrt, sonst nichts. Ich hatte einfach nur überlegt, daß man nach einer – O nein, das mußt du doch nicht machen. Du darfst niemals sagen, es tut dir leid, nicht *mir* gegenüber. Ich verstehe das doch. Ehrlich gesagt habe ich ja mit Freuden gehört, wie du in Wut gerätst. Es ist ein gutes Zeichen, wenn kranke Leute zickig werden. Das heißt, sie sind auf dem Wege der Besserung. Oh, ich weiß! Mach du nur weiter und sei zickig, so viel du willst.

Sag mal, wo soll ich mich denn hinsetzen? Ich möchte irgendwo sitzen, wo du dich nicht umdrehen mußt, um dich zu unterhalten. Du bleibst genauso da liegen, und ich – Weil du dich bestimmt nicht so viel bewegen sollst. Das ist mit Sicherheit schädlich. Schon gut, Liebes, du kannst dich bewegen, so viel du willst. Schon gut, ich bin wohl verrückt. Dann bin ich eben verrückt. Wir wollen es dabei belassen. Nur bitte, bitte, reg dich nicht so auf.

Ich hole nur mal eben den Stuhl hier und stelle ihn – uhps, entschuldige, jetzt bin ich ans Bett gepoltert – ich stell ihn hierher, wo du mich im Blick hast. So. Aber erstmal will ich dir noch die Kissen aufschütteln, bevor ich mich niederlasse. Nein, die sind bestimmt *nicht* in Ordnung so, Mona. So wie du die verwurschtelt und verzogen hast in den letzten Minuten. Jetzt paß mal auf, Herzchen, ich helfe dir, dich hochzusetzen, ga-a-anz ga-a-anz sa-a-achte. Ja-ah. Natürlich kannst du dich auch allein hochsetzen, Liebes. Aber selbstverständlich. Das hat doch auch niemand bezweifelt. Käme doch niemandem in den Sinn. So, ja, jetzt sind die Kissen wieder kuschelig und hübsch, und du legst dich schön wieder hin, bevor du dir erst was tust. Ist das etwa nicht besser jetzt? Na, das will ich doch meinen!

Augenblick mal, ich hole noch mein Nähzeug. O ja, ich hab es mitgebracht, damit wir es uns richtig gemütlich machen können. Findest du es wirklich hübsch, Hand aufs Herz? Das freut mich aber. Es ist ja nur ein Deckchen fürs Tablett, weißt du. Aber man hat einfach nie genug davon. Macht auch furchtbar viel Spaß, sie zu nähen, diese Kante hier – und geht so schnell. Oh, Mona, Liebes, so oft denke ich, wenn du doch auch dein eigenes Heim und alle Hände voll zu tun hättest, kleine hübsche Sachen wie die hier, das würde dir *so gut* tun. Ich mache mir solche Sorgen um dich, hier in dieser winzigen möblierten Wohnung, und nichts drin, was dir gehört, keine Wurzeln, gar nichts. Das ist nicht das Richtige für eine Frau. Das ist völlig falsch für eine Frau wie dich. Ach, wenn du doch bloß über diesen Garry McVicker wegkommen könntest! Wenn du nur einen lieben, netten, vernünftigen Mann kennenlernen und heiraten könntest und deine eigene schöne Umgebung hättest – bei deinem *Geschmack,* Mona! – und vielleicht ein paar Kinder. Du bist einfach großartig zu Kindern. Was denn, Mona Morrison, weinst du etwa? Ach, du bist erkältet? Erkältet *auch* noch? Ich dachte gerade, du weinst, eine Sekunde lang. Möchtest du nicht mein Taschentuch haben, Lämmchen? Ah, so, du hast deine eigenen. Du tust es ja nicht unter einem Chiffontaschentuch in Rosé, du Schnepfe! Warum nimmst du denn nicht die Abschminktücher im Bett, sieht dich doch sowieso kein Mensch! Du Dusselchen, du! Extravagantes Dummchen!

Nein, jetzt aber mal im Ernst. Ich habe oft zu Fred gesagt: »Ach, wenn wir Mona bloß unter die Haube bekämen!« Ehrlich, du weißt ja nicht, wie sich das anfühlt, wenn du einfach ganz sicher und geschützt bist, mit deinem eigenen gemütlichen Zuhause und eigenen behüteten Kindern, und dein eigener reizender Mann kommt Abend für Abend zu dir nach Hause. Das ist *Leben* für uns Frauen, Mona. Was du gemacht hast, ist doch schrecklich. Läßt dich bloß so treiben, sonst gar nichts. Was kann dir da alles zustoßen, Liebes, was soll denn aus dir werden? Aber nein – du denkst nicht mal daran. Du machst einfach drauflos und gehst und verliebst dich in diesen Garry da. Tja, meine Liebe, das mußt du mir lassen – ich habe von Anfang an gesagt:

»Der heiratet die nie.« Das weißt du. Wie bitte? An Heirat habt ihr nie gedacht, du und Garry? Also, Mona, jetzt hör mir mal zu! Jede Frau auf der Welt denkt an Heirat, sobald sie einen Mann liebt. Jede Frau, und mir ist ganz egal, wer sie ist.

Ach, wärst du doch verheiratet! Dann wäre alles ganz anders. Ich glaube, ein Kind würde Wunder wirken, Mona. Der Himmel weiß, ich kann mit diesem Garry ja kein normales Wort wechseln, nach allem, was er dir angetan hat – und *keiner* von deinen Freunden kann das, das weißt du sehr gut –, aber ich kann dir sagen, Hand aufs Herz, falls der dich heiratet, würde ich das alles zu den Akten legen und einfach ganz ganz glücklich sein, für dich. Wenn du ihn *unbedingt* willst. Ich will auch gern zugeben, so hübsch, wie du bist, und bei seinem blendenden Aussehen müßtet ihr einfach *umwerfende* Kinder haben. Mona, Schätzchen, du hast aber wirklich einen dicken Schnupfen, was? Soll ich dir nicht noch ein Taschentuch holen? Wirklich nicht?

Es macht mich einfach krank, daß ich überhaupt keine Blumen mitgebracht habe. Aber ich hatte gedacht, die Wohnung ist voll davon. Na, ich werde auf dem Nachhauseweg anhalten und dir welche schicken lassen. Sieht ja zu trist hier aus, ohne eine Blume im Zimmer. Hat Garry dir gar keine geschickt? Ach, er wußte nicht, daß du krank bist? Wieso, schickt er denn sonst keine? Hör mal, hat der gar nicht angerufen die ganze Zeit und mitgekriegt, ob du krank bist oder nicht? Die ganzen zehn Tage nicht? Naja, aber hast du denn nicht angerufen und es ihm gesagt? Also wirklich, Mona, man *kann's* auch übertreiben mit der Heldenrolle. Der soll sich ruhig ein paar Sorgen machen, Liebes. Das tut dem mal ganz gut. Vielleicht liegt *da* das Problem – *du* hast dir immer alle Sorgen für euch beide gemacht. Keine Blumen geschickt! Nicht mal angerufen! Na, *dem* jungen Mann würde ich gern mal ein paar passende Worte erzählen. Schließlich hat *er* das hier zu verantworten.

Er ist weg? *Was* ist er? So, nach Chicago gefahren, vor zwei Wochen. Nun ja, ich dachte allerdings, ich hätte überall gehört, daß zwischen hier und Chicago bereits Telefonkabel gespannt sind, aber natürlich – man würde meinen, wenn er zurück ist, wäre es das Mindeste, was er mal tun könnte, daß er was für dich tut. Er ist noch nicht zurück? Er ist noch nicht wieder *hier?* Mona, was willst du mir eigentlich weismachen? Weil, gerade vorgestern abend – Erzählt dir, er meldet sich, sobald er wieder zu Hause ist? Von allen niederträchtigen Gemeinheiten, die ich je mitbekommen habe, ist das wirklich die – Mona, Liebes, bitte, leg dich wieder hin. Bitte. Wieso, gar nichts habe ich gemeint. Ich weiß nicht, was ich sagen wollte, im Ernst, das war sicher nichts. Um Himmelswillen, laß uns über etwas anderes reden.

Warte mal. Ja, du mußt unbedingt Julia Posts Wohnzimmer sehen, wie sie es jetzt gemacht hat. Braune Wände – nicht beige, weißt du, oder hautfarben oder sonstwas, sondern richtig braun – und dazu diese crèmefarbenen Taftvorhänge und – Mona, ich sage dir doch, ich weiß absolut nicht, was ich eben sagen wollte. Es ist vollkommen weg. Da kannst du mal sehen, wie unbedeutend es war. Liebes, bitte, bleib still liegen und versuch, dich zu entspannen. Bitte, vergiß diesen Mann überhaupt mal für ein paar Minuten. Kein Mann ist es wert, daß man sich derart echauffiert. Siehst du das vielleicht bei *mir?* Du kannst nämlich nicht erwarten, daß du schnell wieder besser wirst, wenn du dich so aufregst. Das weißt du doch.

Bei welchem Arzt warst du eigentlich, Liebling? Oder willst du das nicht sagen? Bei deinem? Bei deinem Doktor Britton? Ist das dein Ernst? Also, bestimmt, ich hätte nie gedacht, daß der sowas – Ja, Liebes, natürlich ist er Nervenspezialist. Jawohl. Ja, Liebes. Ja, Liebes, natürlich hast du völliges Vertrauen zu ihm. Ich wünschte nur, zu mir auch, gelegentlich; nachdem wir zusammen zur Schule gegangen sind und alles. Du müßtest eigentlich wissen, daß ich ganz und gar auf deiner Seite bin. Ich wüßte nicht, was du sonst hättest machen sollen. Du hast ja zwar immer gesagt, für ein Baby würdest du alles aufgeben, aber es wäre doch auch furchtbar unfair gegenüber dem Kind, wenn man es in die Welt setzen würde und nicht verheiratet wäre. Du müßtest ins Ausland gehen und könntest niemanden mehr sehen und – Aber selbst dann, irgendwer würde es mit Sicherheit irgendwann ausplaudern. Machen die doch immer. Du hast das einzig Mögliche getan, finde *ich*. Mona, um Himmelswillen! Schrei doch nicht so. Ich bin ja nicht taub. Schon gut, Liebes, schon gut, schon gut, schon gut. Schon gut, selbstverständlich glaube ich dir. Natürlich nehme ich dir das ab. Jedes Wort. Nur versuch bitte, ruhig zu bleiben. Leg dich jetzt wieder hin und ruh dich aus und genieß die Unterhaltung.

Jetzt hack doch nicht dauernd darauf herum. Ich habe dir hundert Mal gesagt, mindestens, ich wollte überhaupt gar nichts sagen. Ich schwöre dir, ich kann mich nicht erinnern, *was* ich sagen wollte, »Vorgestern abend?« Wann habe ich denn »vorgestern abend« gesagt? Sowas habe ich nie – Also gut. Vielleicht ist es besser so,

Mona. Je mehr ich darüber nachdenke, desto mehr finde ich, es ist viel besser für dich, wenn du es von mir hörst. Denn irgend jemand *muß* es dir sagen. Solche Sachen kommen immer raus. Und du hörst es ja doch auch lieber von deiner ältesten Freundin, nicht? Und der liebe Herrgott weiß, ich wäre zu allem fähig, wenn ich dir nur die Augen öffnen könnte, was das in Wirklichkeit für ein Mann ist! Du mußt dich nur entspannen, Liebling. Einfach meinetwegen. Liebes, Garry ist nicht in Chicago. Fred und ich haben ihn vor zwei Abenden im *Comet Club* tanzen sehen. Und Alice hat ihn Dienstag im *El Rhumba* gesehen. Und ich weiß nicht, wieviele Leute erzählt haben, sie hätten ihn im Theater oder in Nachtclubs oder sonstwo gesehen. Also, in Chicago kann er höchstens einen Tag oder so gewesen sein – falls er überhaupt hingefahren ist.

Nun, mit *ihr* war er da, als wir ihn sahen, Herzchen. Offenbar ist er die ganze Zeit mit ihr zusammen; kein Mensch sieht ihn je mit jemand anders. Du mußt dich wirklich damit abfinden, Liebes; das ist jetzt das einzige. Ich höre überall, daß er ihr regelrecht in den Ohren liegen soll, damit sie ihn heiratet, aber ich weiß nicht, inwieweit das stimmt. Ich begreife wirklich nicht, warum er das wollen sollte, aber bei so einem Mann weiß man ja sowieso nie, was er tut und läßt. Es geschähe ihm allerdings recht, wenn er sie kriegte, wenn du *mich* fragst. Der würde sich ganz schön umgucken. Die würde sich nämlich seinen Quatsch nicht bieten lassen. Die würde sich den schon zurechtbiegen. Die ist gar nicht dumm.

Aber, uh, so *ordinär*. Als wir sie neulich abend sahen, dachte ich: »Ja, die sieht einfach billig aus und sonst gar nichts.« Aber offensichtlich mag er das gerade. Ich muß schon sagen, er sah ja blendend aus. Sah glaube ich nie besser aus. Natürlich, du weißt ja, was ich von ihm halte, aber ich habe auch immer zugeben müssen, daß er einer der schönsten Männer ist, die ich im Leben gesehen habe. Ich kann schon verstehen, daß er auf alle Frauen anziehend wirkt – am Anfang. Bis sie dann mitkriegen, wie er in Wirklichkeit ist. Oh, wenn du ihn hättest sehen können, mit dieser gräßlichen gewöhnlichen Kreatur, der kriegte seine Augen gar nicht von ihr weg und hing an jedem Wort, das sie sagte, als wenn es Perlen wären! Ich fand es einfach – – –

Mona, Engelchen, *weinst* du etwa? Also, Liebling, das ist nun wirklich albern. Dieser Mann ist keinen weiteren Gedanken wert. Du hast viel zu viel an ihn gedacht, das ist das Problem. Drei Jahre! Drei der besten Jahre deines Lebens hast du ihm geschenkt, und die ganze Zeit hat er dich hintergangen mit dieser Frau. Denk doch nur mal zurück, was du alles durchgemacht hast – und immer und immer und immer wieder hat er dir versprochen, daß er sie aufgibt; und du, du armes Dusselchen, du hast ihm immer wieder geglaubt, und er ist sofort wieder zu ihr gegangen. Und *alle* haben es gewußt. Stell dir das mal vor, und dann versuch nochmal, mir weiszumachen, daß der Mann *eine* Träne wert ist! Wirklich, Mona! Ich an deiner Stelle hätte mehr Stolz.

Weißt du, eigentlich bin ich froh, daß es passiert ist. Ich bin wirklich froh, daß du es weißt. Das war ein bißchen zu happig diesmal. In Chicago, also wirklich! Will sich melden, sowie er wieder hier ist! War doch wirklich das Freundlichste, was man für dich tun konnte, daß man es dir sagt und dich wieder zur Vernunft bringt.

Ich bedaure nicht, daß ich es war, nicht eine Sekunde. Wenn ich mir vorstelle, wie der sich draußen goldene Zeiten macht, und du liegst hier drin, todkrank, und nur wegen ihm, ich könnte ihn – Jawohl, wegen ihm. Auch wenn es keine – ich meine, auch wenn ich mich geirrt haben sollte, als ich sofort sicher war, was mit dir los ist, weil du so ein Geheimnis um dein Kranksein gemacht hast, er hat dich in einen Nervenzusammenbruch getrieben, und das ist ja wohl schlimm genug. Bloß wegen diesem Mann! So ein Stinktier! Du schlägst dir den jetzt endlich aus dem Kopf.

Wieso, natürlich kannst du, Mona. Du brauchst dich einfach nur zusammenzureißen, Kindchen. Sag dir einfach: »Gut, ich habe drei Jahre meines Lebens vergeudet, und jetzt ist Schluß.« Mach dir nur nie wieder Sorgen um *ihn*. Er macht sich weiß Gott keine um dich, Liebling.

Du bist nur so erregt, weil du so schwach und krank bist, Liebes. Ich weiß. Aber bald bist du wieder gesund. Du kannst noch etwas aus deinem Leben machen. Du mußt, Mona, das weißt du. Denn letzten Endes – ich meine, natürlich hast du nie lieblicher ausgesehen, das meine ich nicht; aber du – ich meine, du wirst auch nicht jünger. Und hier hast du deine Zeit aus dem Fenster geworfen, du hast dich nie mit deinen Freunden getroffen, bist nie ausgegangen, hast niemand Neues kennengelernt, du hast immer nur hier gesessen und darauf gewartet, daß Garry anrief oder Garry kam – wenn er gerade nichts Besseres vorhatte. Drei Jahre lang hattest du keinen anderen Gedanken im Kopf als diesen Mann. Jetzt vergiß ihn endlich.

Ach, Kleines, das ist aber nicht gut für dich, wenn du

so weinst. Bitte, laß es. Der ist nicht mal wert, daß man über ihn redet. Guck dir doch die Frau an, in die er verliebt ist, dann kannst du sehen, was für eine Sorte er ist. Du warst viel zu gut für ihn. Du warst viel zu lieb zu ihm. Du warst zu nachgiebig. Im selben Moment, wo er dich hatte, hat er dich nicht mehr gewollt. So einer ist das. Quatsch, er hat dich nie mehr geliebt als –

Mona, nicht! Mona, hör auf! Bitte, Mona! Du darfst nicht so reden, du darfst so etwas nicht sagen. Du mußt aufhören zu weinen, sonst wirst du noch richtig krank. Hör auf, oh, hör auf damit, oh, hör bitte auf! Gott, was soll ich denn mit ihr machen? Mona, Liebes. Mona! Oh, wo um Himmelswillen ist denn dieses dämliche Mädchen?

Edie. Oh. Edie! Edie, ich glaube, Sie müssen sofort Dr. Britton anrufen und ihm sagen, er soll herkommen und Miss Morrison etwas zum Beruhigen geben. Ich fürchte, sie ist ein bißchen aus der Fassung.

Oh, irgendwohin, *Herr Fahrer, irgendwohin – es ist egal. Fahren Sie einfach.*

Im Taxi hier ist es besser als eben dieses Herumlaufen. Es bringt nichts, wenn ich versuche spazierenzugehen. Da blitzt immer plötzlich jemand durch die Menge, der aussieht wie er – jemand, der die Schultern schwingt wie er, der den Hut so schräg aufhat wie er. Und ich denke, er ist wieder da. Und mein Herz wird heiß wie Brühwasser, und die Häuser schwanken und biegen sich über mir zusammen. Nein, hier drin ist es besser. Aber der Fahrer soll bitte bloß schnell fahren, so schnell, daß die Vorbeigehenden eine graue, verschwommene Masse werden und ich schwingende Schultern und schräge Hüte gar nicht erkennen kann. Das ist schlimm, mitten im Verkehr anhalten, wie jetzt. Die Leute gehen viel zu langsam, sind zu deutlich, und jeder nächste könnte – Nein, natürlich, kann er nicht. Ich weiß das. Natürlich weiß ich es. Aber eigentlich, womöglich.

Außerdem können die Leute reingucken und mich sehen hier drin. Sie können sehen, ob ich weine. Ach, sollen sie – ist doch egal. Sollen sie doch gucken und über mich herziehen.

Ja, gucken Sie mich nur an. Gucken Sie und gucken Sie und gucken Sie, Sie arme, geplagte Trutsche. Hübsch, der Hut, was? Den soll man auch angucken. Deshalb ist er nämlich so groß und rot und neu, deshalb hat er so riesige weiche Mohnblüten obendrauf. Ihr armseliger Hut dagegen ist schlapp und aus der Fasson.

Sieht aus wie eine tote Katze, eine Katze, die jemand überfahren und dann einfach aus dem Weg geschubst hat, in die Gosse. Möchten Sie nicht auch lieber ich sein und einen neuen Hut haben können, wann immer es ihnen in den Kram paßt? Sie könnten auch schnell gehen, nicht wahr, und den Kopf hochtragen und ihre Füße vom Pflaster heben, wenn Sie einem neuen Hut entgegengingen, einem wunderschönen Hut, einem Hut, der mehr kostet, als Sie je besessen haben? Ich hoffe nur, Sie würden dann nicht so einen nehmen wie ich. Denn Rot steht nämlich für Trauer. Scharlachrot für eine Liebe, die gestorben ist. Wußten Sie das etwa nicht?

Jetzt ist sie weg. Das Taxi fährt wieder, und sie bleibt für immer zurück. Möchte wissen, was sie gedacht hat, als unsere Augen und unsere Leben sich begegneten. Möchte wissen, ob sie mich beneidet hat, meine Geschmeidigkeit und Sicherheit und Jugend. Oder ob sie gemerkt hat, wie rasch ich alles, was ich habe, wegwerfen würde, könnte ich in meiner Brust das stille, tote Herz tragen, das sie in ihrer birgt. Sie hat keine Gefühle. Sie hat nicht einmal Wünsche. Sie hat's hinter sich, Hoffen und Brennen, falls sie jemals gebrannt und gehofft. Oh, das ist aber nett, hat richtig Schwung. Sie hat's hinter sich, Hoffen und Brennen, falls sie jemals – Ja, klingt hübsch. Ach ja – möchte wissen, ob sie ihrer trägen Wege etwas glücklicher weiter gegangen ist oder, vielleicht, etwas trauriger, jetzt wo sie gesehen hat, da ist jemand noch schlechter dran als sie.

Das ist gerade so etwas, was er an mir gehaßt hat. Ich weiß genau, was er jetzt sagen würde: »Oh, um Himmelswillen!« würde er sagen. »Kannst du nicht aufhören mit diesen albernen Sentimentalitäten? Warum mußt du so sein? Warum *willst* du so sein? Bloß daß du eine alte Putzfrau auf der Straße siehst, ist noch lange kein Grund, in Geschluchze auszubrechen. Der geht's gut. Die kommt zurecht. ›Als eure Augen und eure Leben sich begegneten‹ – ach, geh mir doch los. Die hat dich doch gar nicht gesehen. Und nichts da mit ›ihr stilles, totes Herz‹! Vermutlich ist sie gerade unterwegs, um sich eine Flasche Gin-Verschnitt zu besorgen und sich ein paar rauschende Stunden zu machen. Du mußt nicht aus *allem* ein Drama machen. Du mußt nicht *allen* Leuten anhängen, daß sie traurig sind. Warum bist du immer so sentimental? Hör auf damit, Rosalie.« Das würde er sagen. Ich weiß es.

Aber das wird er nicht, zu mir nicht, und auch sonst nichts, nie mehr. Nie mehr sonst ein Wort, ob süß oder bitter. Er ist weg, und er kommt nicht wieder. »Aber natürlich komme ich wieder!« hat er gesagt. »Nein, ich weiß wirklich nicht, wann – das habe ich dir doch gesagt. Ach, Rosalie, jetzt mach nicht gleich ein nationales Trauerspiel daraus. Ein paar Monate werden's, vielleicht – und wenn je zwei Leute mal Ferien voneinander nötig hatten! Ist überhaupt kein Grund zum Heulen. Ich komme wieder. Hab nicht vor, ewig aus New York wegzubleiben.«

Aber ich wußte es. Ich wußte es. Ich wußte es, weil er mir schon, lange bevor er wegfuhr, fern war. Er ist weg, und er kommt nicht wieder. Er ist weg, und er kommt nicht wieder, er ist weg, und er kommt nie wieder. Hör auf die Reifen, die sagen das auch, immer und immer wieder. Das ist bestimmt auch sentimental. Reifen sagen gar nichts. Reifen können nicht reden. Trotzdem höre ich sie.

Möchte mal wissen, warum sentimental sein falsch sein soll. Die Leute sind so verächtlich gegenüber Gefühlen. »Könnte *mir* nicht passieren, allein rumzusitzen und zu brüten«, sagen sie. »Brüten« nennen sie es, wenn sie »sich erinnern« meinen, und sie sind so stolz darauf, keine Erinnerung zu haben. »Ich nehme nie irgendwas ernst«, sagen sie. »Ich könnte mir gar nicht vorstellen«, sagen sie, »daß mir irgendwas soviel ausmacht, daß es mir wehtun könnte.« Sie sagen: »Kein einziger Mensch könnte *mir* soviel bedeuten.« Und warum, warum finden sie, ist es so richtig?

Oh, wer macht was richtig und wer was falsch und wer entscheidet das? Vielleicht hatte ich ja doch recht mit der Putzfrau. Vielleicht *war* sie geplagt und *hatte* ein stilles Herz, und vielleicht hat sie, nur diesen Augenblick lang, wirklich alles über mich gewußt. Es muß gar nicht sein, daß es ihr gut geht und sie zurechtkommt und sich gerade Gin holt, bloß weil er das gesagt hat. Oh. Oh, hab ich ganz vergessen. Er hat das ja gar nicht gesagt. Er war gar nicht hier; er ist nicht hier. Ich war es, meine Vorstellung, was er sagen würde. Und ich dachte, ich hätte ihn gehört. Er ist immer bei mir, er mitsamt seiner ganzen Schönheit und Grausamkeit. Aber das darf er nicht mehr. Ich darf nicht mehr an ihn denken. Das ist es, denk einfach nicht mehr an ihn. Ja. Und laß auch gleich das Atmen. Hör nicht mehr. Sieh nicht mehr. Halt das Blut in deinen Adern an.

Ich kann so nicht weitermachen. Ich kann nicht, ich kann nicht. Ich kann dieses rasende Unglück nicht mehr aushalten. Wenn ich wüßte, in einem Tag oder einem Jahr oder zwei Monaten ist alles vorbei, dann käme ich da durch. Selbst wenn es manchmal dumpfer und manchmal wilder werden würde, es wäre zu ertragen. Aber es ist immer dasselbe, und es gibt kein Ende.

»Kummer schlägt sich auf mein Herz,
Wie unablässiger Regen, du.
Und man irrt und schreit vor Schmerz,
morgens scheint's ein schlimmer Scherz,
es nimmt nicht ab und nimmt nicht zu,
fängt nirgends an, geht nie zur Ruh'.«

Oh, halt mal – wie geht noch die nächste Strophe? Irgendwas, irgendwas, irgendwas, irgendwas, irgendwas reimt sich auf »Schuh«. Jedenfalls, es hört auf mit:

»All mein Denken träg und trüb,
ob ich steh, ob sitz, ob lieg,
gar nichts zählt; nicht, ob ich krieg
das Kleid, nicht, ob die Schuh.«

Genau, so geht das Gedicht. Und es hat recht, es hat ja so recht. Was bedeuten mir Kleid und Schuh? Los, kauf dir einen roten Riesenhut mit Klatschmohn oben drauf – der muntert dich wieder auf. Ja, los, kauf ihn und laß dich davon anekeln. Wie soll das bloß weitergehen, wenn ich immer nur rumsitze und glotze und rote Riesenhüte kaufe und sie hasse und dann wieder rumsitze und glotze – Tag für Tag für Tag für Tag? Morgen, und morgen, und dann wieder morgen. Wie soll ich da wohl durchkommen?

Aber was gibt's denn sonst für mich? »Geh aus, triff dich mit Freunden und amüsier dich«, sagen sie. »Sitz nicht allein herum und mach ein Drama aus dir.« Ein

Drama aus mir! Wenn es ein Drama ist, das Gefühl zu haben, ein dauernder – nein, ein unablässiger Regen schlägt mir aufs Herz, dann mache ich ein Drama aus mir. Diese hohlen Leute, diese kleinen Geister, woher wollen die wohl wissen, was Leiden ist, was könnte deren feiste Herzen schon zerreißen? Begreifen die nicht, diese Hohlköpfe, daß ich mich mit den Freunden, die wir zusammen besucht haben, nicht mehr treffen kann, daß ich da, wo er und ich zusammen waren, nicht mehr hingehen kann? Denn er ist weg, und es ist zu Ende. Zu Ende, zu Ende. Und wenn es zu Ende geht, dann sind nur noch die Orte, an denen man leiden gelernt hat, freundlich zu einem. Wenn man an die Schauplätze seines Glücks zurückkehrt, muß einem das Herz zerbersten vor lauter Qual.

Und das ist bestimmt auch sentimental. Es ist sentimental, wenn man genau weiß, daß man es nicht erträgt, die Orte zu sehen, an denen es einem einmal rundum gut gegangen ist, daß man nicht erträgt, an etwas totes Schönes erinnert zu werden. Leiden ist Ruhe, erinnert im Gefühl. Das – oh, ich glaube, das ist ziemlich gut. »Erinnert im Gefühl« – das ist wirklich eine gelungene Umkehrung. Ich wünschte, ich könnte ihm das sagen. Aber gar nichts werde ich ihm mehr sagen, nie mehr, nie, nie mehr. Er ist weg, und es ist aus, und ich muß mich hüten, an die toten Tage zu denken. All mein Denken träg und trüb, so muß das sein, und ich muß –

Oh, nein, nein, nein! Oh, der Fahrer soll nicht diese Straße nehmen! Das hier war unsere Straße, das hier ist der Ort unserer Liebe und unseres Lachens. Das halte ich nicht durch, ich kann nicht, ich kann nicht. Ich werde mich ducken und mir die Hände ganz, ganz fest über die

Augen halten, und ich muß jetzt werden wie die kleinen, gemeinen Leute mit ihren vertrockneten Seelen und ihrem Stolz, keine Erinnerung zu haben.

Ach, aber ich sehe es ja, ich sehe es, obwohl meine Augen verdeckt sind. Selbst wenn ich gar keine hätte, mein Herz würde mir diese Straße beschreiben, genau diese eine. Ich kenne sie, wie ich meine Hände kenne, wie ich sein Gesicht kenne. Oh, warum kann man mich nicht sterben lassen, während wir durchfahren?

Wir müssen jetzt bei dem Blumenladen an der Ecke sein. Da ist er immer vorbeigegangen und hat mir Schlüsselblumen gekauft, kleine gelbe Schlüsselblumen, ganz viele und dicht gebunden, in ihrem Kranz aus Blättern, unten silbern, rein und fein und kühl. Er hat immer gesagt, Orchideen und Kamelien wären nicht mein Fall. Und wenn es nicht Frühling war und keine Schlüsselblumen gab, dann hat er mir Maiglöckchen und bunte Röschen und Reseda und leuchtend blaue Kornblumen geschenkt. Er hat gesagt, er könnte den Gedanken an mich ohne Blumen nicht aushalten – das wäre einfach Unrecht; jetzt kann ich keine Blumen in der Nähe ertragen. Und der kleine graue Blumenhändler war immer so neugierig und so selig – und eines Tages hat er mich mit »Gnä' Frau« angeredet! Ach, ich kann nicht, ich kann nicht.

Und jetzt müssen wir bei dem großen Apartmenthaus mit dem großen goldenen Portier sein. Dieser Abend, als der Portier den niedlichen Welpen an einer langen, riesigen Leine hielt, und wir sind stehengeblieben und wollten mit dem Hündchen reden, und er hat es auf den Arm genommen und gehätschelt, und das war das einzige Mal, das wir den Portier je lächeln sehen haben! Und gleich daneben ist das Haus mit dem Baby, und er hat immer den Hut gezogen und eine ganz feierliche Verbeugung gemacht vor der Kleinen, und manchmal hat sie ihm ihr Seestern-Händchen gegeben. Und dann kommt der Baum mit dem verrosteten Eisengeländer drumrum, an dem er immer stehengeblieben ist und sich umgedreht hat, um mir zu winken, während ich aus dem Fenster lehnte und ihm nachsah. Und die Leute guckten ihn an, denn die Leute mußten ihn immer angucken, aber er hat es nie gemerkt. Das ist unser Baum, hat er gesagt; der würde nicht im Traum jemand anderem gehören wollen. Und nur sehr wenige Stadtmenschen hätten ihren eigenen, persönlichen Baum, hat er gesagt. Ob mir das schon aufgefallen wäre, hat er gesagt.

Und dann kommt das Haus von dem Arzt, und dann drei schmale graue Häuser, und dann – o Gott, jetzt müssen wir bei unserem Haus sein! Es ist unser Haus, obwohl wir nur die oberste Etage hatten. Und ich liebte die endlosen, dunklen Treppen, weil er sie jeden Abend hochstieg. Und unsere gestärkten rosa Vorhänge an den Fenstern, und die Kästen mit den rosa Geranien, die immer für mich wuchsen. Und der förmliche kleine Eingang, und der komische Briefkasten, und sein Klingeln. Und ich, wie ich in der Dämmerung auf ihn warte und immer denke, er kommt nie mehr; trotzdem, auch das Warten war wunderbar. Und dann, wenn ich die Tür aufmachte, für ihn – O nein, nein, nein! Oh, niemand könnte das ertragen. Niemand, niemand.

Ach, warum, warum muß ich hier durchgefahren werden? Welche Folter könnte schrecklicher sein als das hier? Bestimmt ist es besser, wenn ich die Augen wieder freimache und hingucke. Ich sehe mir jetzt unseren

Baum und unser Haus noch einmal an, und dann wird mir das Herz zerbersten, und ich werde tot sein. Ich sehe es mir jetzt an, ich sehe es mir jetzt an.

Wo ist denn der Baum? Die können doch unseren Baum nicht gefällt haben – *unseren* Baum? Und wo ist das Apartmenthaus? Und wo ist der Blumenladen? Und wo – oh, wo ist denn unser Haus, wo ist denn –

Herr Fahrer, was ist das denn hier für eine Straße? Die Fünfundsechzigste? Oh. Nein, nichts, vielen Dank. Ich – ich hatte nur gedacht, es wäre die Dreiundsechzigste ...

Was ist das denn jetzt? Worauf soll diese ganze Dunkelheit hier eigentlich hinauslaufen? Sie haben mich ja wohl nicht lebendig begraben, bloß weil ich mich gerade mal umgedreht habe, oder? So, und du denkst, *das* sähe ihnen ähnlich! Ach nein, ich weiß, was los ist. Ich bin wach geworden. Das ist los. Ich bin mitten in der Nacht aufgewacht. Na, ist das nicht nett. Ist das nicht einfach hinreißend. Punkt zwanzig nach vier, exakt, und hier haben wir unser Püppchen mit großen Augen, rund wie Sonnenblumen. Nun sieh dir das an, los. Just wenn alle anständigen Leute ins Bett gehen, muß ich wach werden. Da kann ja nichts von werden, bei *der* Methode. Das stinkt, wie eine Ungerechtigkeit überhaupt nur stinken kann. *Das* erzeugt nämlich den Haß und das ganze Blutvergießen, genau das.

Ja, und soll ich dir mal sagen, was mich in diesen Schlamassel gebracht hat? Daß ich um zehn Uhr ins Bett gegangen bin, das war's. Das ist der Ruin persönlich. Z-e-h-n-Leertaste-groß-U-h-r gleich Ruin. Wer mit den Hühnern schlafen geht, sich besser gleich im Grab umdreht. Vor elf ins Bett macht meschugge und fett. Vor morgens ins Bett, das bringt kein Kadett. Um zehn Uhr, nach einem geruhsamen Leseabend. Lesen – halt, das ist auch so eine Einrichtung. Tja, ich würd sofort das Licht anknipsen und lesen, augenblicklich, wenn mich nicht ausgerechnet das Lesen in diese Lage gebracht hätte. Da kann man mal sehen. Gott, welch bitt're Not auf Erden bewirkt das Lesen! Das weiß ja Gott weiß wer

– jeder wer, der wer *ist.* Alle großen Geister haben jahrelang keine Zeile mehr gelesen. Sieh dir doch an, wie La Rochefoucauld die Kurve gekriegt hat. Er hat gesagt, wenn niemand je lesen gelernt hätte, dann wären auch nur sehr wenige verliebt. Das war *ein Prachtkerl,* und so hat *er* das gesehen. Eins zu null für Sie, La Rochefoucauld, nur weiter so, Bürschchen. Ich wünschte, ich hätte nie lesen gelernt. Ich wünschte, ich hätte nie gelernt, mich auszuziehen. Dann säße ich nämlich jetzt nicht hier in der Tinte um halb fünf morgens. Wenn niemand je gelernt hätte, sich auszuziehen, dann wären auch nur sehr wenige Leute verliebt. Nein, seins ist besser. Na klar, die Welt gehört dem Manne.

La Rochefoucauld, der ruht jetzt still wie ein Stein, und ich bin hier am Wälzen und Wühlen! Dies ist wirklich nicht die Zeit dafür, wegen La Rochefoucauld an die Decke zu gehen. Es kann sich sowieso nur um Minuten handeln, und La Rochefoucauld hängt mir zum Hals raus, ein für allemal. La Rochefoucauld hier, La Rochefoucauld da. Ja, also ich will dir mal was sagen, wenn niemand je zitieren gelernt hätte, dann wären auch nur wenige in La Rochefoucauld verliebt. Wetten, daß du keine zehn Wesen kennst, die ihn ohne Strohmann gelesen haben? Die Leute haben es doch alle aus diesen gelahrten kleinen Essays, die immer mit: »War das nicht der liebenswerte alte Zyniker La Rochefoucauld, der gesagt hat ...« anfangen, und dann kommen sie an und tun so, als ob sie den Meister rückwärts kennten. Analphabetenpack, alle wie sie da sind. Schon recht, sollen sie ihren La Rochefoucauld behalten, als ob mir das was ausmacht. Ich halte mich an Lafontaine. Ich wäre allerdings auch gesellschaftsfähiger, wenn ich endlich das Gefühl nicht mehr hätte, daß Lafontaine mit Alfred Lunt verheiratet war.

Ich weiß gar nicht, was soll das überhaupt, daß ich mich um diese Zeit mit einer Bande von französischen Schriftstellern hier herumtreibe? Das führt ja doch bloß dazu, daß ich gleich die *Fleurs du mal* herbete, und viel menschenfreundlicher werde ich davon auch nicht. Und von Verlaine werde ich sowieso die Finger lassen, der war ja ewig hinter Rimbaud her. Da ist man sogar mit La Rochefoucauld besser bedient. Ähh, der verdammte La Rochefoucauld. Durch und durch welsch. Ich wäre ihm dankbar, wenn er mir aus dem Kopf bliebe. Was hat der hier überhaupt zu suchen? Wer ist schon La Rochefoucauld für mich, was ist er für Hekuba? Also, ich kenne nicht einmal seinen Vornamen, so eng bin ich nämlich mit dem. Was soll ich hier eigentlich, La Rochefoucaulds Herbergsmutter abgeben? Das hätte er wohl gern. Sachta. Tja, er vergeudet seine Zeit, wenn er weiter hier herumhängt. Da kann ich ihm auch nicht helfen. Das einzige, was ich sonst noch von ihm kenne, ist dieser Spruch mit der kleinen Freude, die wir immer verspüren angesichts der Mißgeschicke auch unserer liebsten Freunde. Und da ist bei mir Sense mit Monsieur La Rochefoucauld. *Maintenant c'est fini, ça!*

Liebste Freunde. Einen reizenden Haufen liebster Freunde hab ich, allerdings. Die liegen jetzt alle im gemeinsten Vollrausch, während ich hier praktisch an Wachheit eingehe. Die schlummern alle süß und benommen durch diese Stunden, die strahlendsten des Tages, wenn der Mensch am schaffensfrohesten sein sollte. Schaffe, schaffe, schaffe, denn ich sage dir, die Nacht bricht an. Hat Carlyle gesagt. Ja, das war auch so ein besonders feiner Vertreter, spuckt große Töne über das Schaffen. *Hei,* Thomas Car-*lie*-ll, ich *weiß* da was von *die*-rr! Nein, das reicht jetzt. Ich werde mir nicht auch noch an Carlyle die Zähne ausbeißen, so haben wir nicht gewettet. Was hat der überhaupt je Großes geschafft, außer ein Indianer-College zu gründen? (Das müßte ihm den Garaus machen.) Der soll seine Nase hier nicht reinstecken, falls er weiß, was für ihn gut ist. Ich habe schon genug Scherereien mit diesem liebenswerten alten Zyniker, La Rochefoucauld – ihm und seinen Mißgeschicken und liebsten Freunden!

Als erstes muß ich jetzt mal in die Gänge kommen und einen kompletten neuen Satz liebster Freunde zusammentrommeln; das zuallererst. Alles andere kann warten. Würde vielleicht irgendwer die Freundlichkeit besitzen und mir mitteilen, wie ich irgendwen Neues kennenlernen soll, wenn mein gesamtes Lebensmuster aus den Fugen ist – wenn ich als einziges Lebewesen wach bin, während der Rest der Welt im Tiefschlaf liegt? Ich muß das wieder hinbiegen. Ich muß jetzt auf der Stelle versuchen, wieder einzuschlafen. Ich muß mich den korrupten Maßstäben dieser schlaftrunkenen Gesellschaft anpassen. Die Leute dürfen nicht das Gefühl haben, sie müßten ihre zerstörerischen Angewohnheiten ändern und sich nach mir richten. O nein, nein; nein wirklich nicht. Überhaupt nicht. Ich werde mich nach ihnen richten. Wenn das nicht *die* Musterfrau gibt! Immer tun, was irgendwer anders will, ob's dir paßt oder nicht. Und nie fähig, mal eine eigene Idee auch nur zu murmeln.

Und was für eine Idee hat irgendwer zu murmeln betreffs der Frage, wie ich sanft in Schlummer zurückschwinge? Hier liege ich, hellwach wie der lichte Tag, geschüttelt und geschaukelt mit La Rochefoucauld. Denn das kann man nun wirklich nicht von mir erwarten, daß ich alles stehen und liegen lasse und anfange, Schäfchen zu zählen, in meinem Alter. Ich hasse Schafe. Ist wohl Mangel an Zartgefühl, aber all mein Lebtag habe ich Schafe gehaßt. Das grenzt schon an Phobie, wie ich sie hasse. Ich merke sofort, wenn eins im Zimmer steht. Die sollen sich bloß nicht einbilden, ich liege hier im Dunkeln und zähle ihre abscheulichen kleinen Gesichter für sie; und wenn ich bis Mitte nächsten August nicht wieder einschlafen können sollte. Angenommen, sie würden nie gezählt werden – was könnte da schlimmstenfalls passieren? Wenn die Zahl der imaginären Schafe dieser Welt eine ungelöste Frage bliebe, wer würde davon reicher oder ärmer? Nein, Chef; *ich* bin *nicht* deren Buchhüter. Die sollen sich doch selber zählen, wenn sie so wahnsinnig scharf auf Mathematik sind. Sollen doch ihre Dreckarbeit alleine machen. Kommen hierher und hampeln rum, um diese Zeit, und verlangen von mir, daß ich sie zähle! Und dann sind sie noch nicht mal richtige Schafe. Also das ist das Absurdeste, was ich im Leben gehört habe.

Aber irgendetwas *muß* es doch geben, was ich zählen könnte. Mal sehen. Nein, ich weiß bereits im Schlaf, wieviele Finger ich habe. Ich könnte allerdings meine Rechnungen zählen. Ich könnte alles aufzählen, was ich gestern nicht erledigt habe, aber hätte sollen. Ich könnte aufzählen, was ich heute erledigen müßte und nicht werde. Ich werde nie etwas fertigkriegen; ich bin mir darüber vollkommen im klaren. Ich werde nie berühmt. Nie wird mein Name in großen Lettern auf der Liste der Macher auftauchen, die es geschafft haben. Ich schaffe nichts. Nicht das Geringste. Früher habe ich noch Nägel gekaut, jetzt tue ich das auch nicht mehr. Ich bin nicht mal das Pulver wert, mit dem ich mich in die Hölle sprengen könnte. Ich bin inzwischen nichts weiter als ein Wrack. La Paloma, o je! – das bin ich, von jetzt an. Gott, ist das alles entsetzlich.

Nun ja. Hierlang haben wir die galoppierende Melancholie. Vielleicht liegt's ja daran, daß dies die Stunde Null ist. Dies ist die Zeit, in der die zage Seele schwanket im Taumel zwischen Tag und Tau und waget nicht, dem neuen Tage fest ins Aug zu blicken noch den alten wieder heraufzubeschwören. Dies ist die Zeit, in der alle Dinge, bekannte wie verborgene, zum eisernen Menetekel für den Geist werden; in der alle Wege, befahrene oder jungfräuliche, unter den stolpernden Füßen wegsacken, in der alles nur noch schwarz wird vor überreizten Augen. Diese Schwärze jetzt, überall Schwärze. Dies ist die Zeit der Ruchlosigkeit, die Schreckensstund des siegesreichen Dunkels. Denn stets ist es am dunkelsten – War das nicht der liebenswerte alte Zyniker, La Rochefoucauld, der gesagt hat, daß es immer am dunkelsten ist vor der Sintflut?

Da. Da hast du's, ja? Hier sind wir wieder, genau da, wo wir angefangen haben. La Rochefoucauld, wir sind wieder da! Na komm schon, Sohnemann – wie wär's, wenn du deiner Wege gehst und mich meiner gehen läßt? Vor mir, schön abgezirkelt, liegt ein Haufen Arbeit; ich habe diesen ganzen Schlaf zu erledigen. Stell dir mal vor, wie ich aussehen werde am Tag, wenn das so weitergeht. Wie die Schattenseiten des Lebens persönlich, neben all meinen ausgeruhten, kläräugigen, munter blickenden Freunden – diese Ratten! Meine Liebe, was hast *du* denn angestellt; ich dachte, du wolltest solide werden. Oh, ich war auf Höllenfahrt mit La Rochefoucauld zu nachtschlafender Zeit; wir konnten gar nicht aufhören, über eure Mißgeschicke zu lachen. Nein, das wird mir jetzt wirklich zu happig. Das darf man einer Person nicht antun, bloß weil sie aus Versehen einmal im Leben um zehn ins Bett gegangen ist. Ich will es auch nie wieder tun, ganz bestimmt nicht. Nur noch geordnete Bahnen, von jetzt an. Ich werde überhaupt nie wieder ins Bett gehen, wenn ich nur jetzt einschlafen kann. Wenn ich endlich meinen Kopf frei kriege von einem gewissen französischen Zyniker circa 1650 und in süßes Vergessen sinke. 1650. Wetten, ich sehe aus, als wäre ich seit *der* Zeit wach.

Wie geht eigentlich Einschlafen? Wie machen das die Leute? Ich fürchte, ich weiß den Dreh nicht mehr. Vielleicht könnte ich mir mit der Nachttischlampe elegant die Schläfe einschlagen. Ich könnte in aller Seelenruhe eine Liste mit wunderschönen Zitaten der dichtesten Denker rauf- und runtersagen; falls mir eins von diesen verdammten Dingern einfällt. Das könnte klappen. Und es müßte diesem Gast aus der Fremde, der seit zwanzig nach vier hier herumgeistert, einen wirksamen Riegel vorschieben. Ja, das mach ich. Nur einen Moment noch, ich dreh eben das Kissen um; das fühlt sich ja an, als wäre La Rochefoucauld in den Bezug gekrochen.

So, mal sehen – wo fangen wir denn an? Äh – hm – mal sehen. A ja, ich weiß eins. Dies über alles, sei dir selber treu, und daraus folgt so wie die Nacht dem Tage, du kannst nicht falsch sein gegen irgendwen. Ab geht die Post! Wenn sie einmal flutschen, dann geht das wie's

Brötchenbacken. Mal sehen. Wer nie sein Brot mit Tränen aß, wer nie die kummervollen Nächte auf seinem Bette weinend saß, der kennt euch nicht. Moment mal. Edel sei der Mensch, hilfreich und gut. Wenn Winter herrscht, kann Frühling lange zaudern? Kein Sumpf riecht wie die Lilie, die verdirbt. Er stand auf seines Daches Zinnen. Das kann doch einen Schneemann nicht erschüttern. Des Meeres und der Liebe Wellen schlagen an den Strand. Was lange gärt, wird endlich Wut. Wer den Dichter will verstehn, muß in des Dichters Dingsbums sehn. Denk ich an was noch? in der Nacht, bin ich um den Schlaf gebracht. Üb immer Reu und dreh dich breit bis an dein kühles Grab. So still, wo niemand dich umarmen will. Ich denke, ich hänge mich heute noch nicht auf. Ahoi, nimm mich mit, Kapitän, auf die Reise.

Wart mal. Einsamkeit ist die Gewähr der Mittelmäßigkeit und der strenge Begleiter des Genies. Beständigkeit ist der Nachtmahr kleiner Geister; die Anhänglichkeit der Nullen ist ihre einzige Chance. Irgendwasschonwieder ist Leidenschaft in gelassener Erinnerung. Ein Zyniker ist einer, der weiß, was alles kostet, aber nicht, was es wert ist. Dieser liebenswerte alte Zyniker – huch, da sind wir wieder beim Geist von Hamlets Vater. Ich muß besser aufpassen. Jedwedes Stigma schlägt glatt jedes Dogma. Wenn du wissen willst, was Gott über Geld denkt, dann guck dir bloß die Leute an, denen Er es gegeben hat. Wenn nie jemand lesen gelernt hätte, dann wären auch nur sehr wenige –

Gut, gut. Das war deutlich. Ich werfe das Handtuch auf der Stelle. Ich weiß, wann ich ausgezählt bin. Schluß mit diesem Quatsch; ich werde das Licht anschalten und mich dumm und dämlich lesen. Bis es zum nächsten Mal zehn schlägt, wenn's sein muß. Und wie gedenkt La Rochefoucauld, damit fertigzuwerden? Oh, das *wird* er, was? Ja, das wird er! Er und wer noch? La Rochefoucauld und *welche* sehr wenigen Leute sonst noch?

Mrs. Matson blieb im Foyer des Kaufhauses G. Fosdick Söhne stehen. Sie verlagerte ein Päckchen aus ihrer rechten Hand in die linke Armbeuge, nahm die Einkaufstasche bei ihrem Alpakkabügel, ließ sie geschickt hörbar aufschnappen und zog aus dem aufgeräumten Innern ein kleines, schwarzgebundenes Heft und einen ordentlich gespitzten Bleistift.

Hinein- und herausströmende Käufer rempelten sie an, während sie dort stand, aber weder nahmen sie Notiz von Mrs. Matsons aufmerksamem Tun noch beschleunigten sie ihre Schritte. Sie reagierte nicht, wenn ein: »Oh, entschuldigen Sie« von den Lippen der weichherzigeren Passanten kam. Ruhig, sicher und in glorreicher Entzücktheit stand Mrs. Matson da, schlug das Heft auf, zückte den Bleistift und schrieb in ziemlich schrägen, feinen Buchstaben: »4 Kreppapier-Bonbonschachteln, $,28«.

Das Dollarzeichen war beglückend dekorativ ausgefallen, das Komma exakt plaziert, die 2 elegant geschwungen, die 8 bewundernswert ausgewogen. Mrs. Matson blickte zufrieden auf ihr Werk. Immer noch ohne Hast klappte sie das Heft wieder zu, legte es mitsamt dem Stift zurück in die Tasche, horchte auf das Schnappen, um sicher zu sein, daß sie auch wirklich zu war, und nahm das Päckchen wieder in ihre rechte Hand. Dann ging sie, mit der Behaglichkeit von wohlerfüllten Pflichten, mit imponierenden, kräftigen Schritten aus G. Fosdick Söhnes Kaufhaus, geradewegs durch das Portal, an dem ein Plakat bat: »Bitte benutzen Sie den anderen Eingang.«

Langsam schritt Mrs. Matson die Maple Street hinunter. Die Morgensonne, die durch die Hauptstraße des Städtchens flutete, ließ sie weder blinzeln noch ihr Gesicht nach unten drehen. Sie behielt den Kopf hoch und sah um sich wie jemand, der gerade sagt: »Unser liebes Volk, Wir sind zufrieden mit euch.«

Gelegentlich blieb sie vor einem Schaufenster stehen und begutachtete kritisch die ausgestellten verfrühten Herbstkostüme. Aber ihr Herz blieb unangetastet von jenem Neid, der die geringeren Frauen um sie herum befiel. Ihr langer schwarzer Mantel aus der Saison, in der die Mäntel noch Puffärmel und sehr schmal geschnittene Taillen hatten, glänzte zwar schon und war auch schekkig, und ihr Hut strahlte die Unentschlossenheit und Einfallslosigkeit aus, die mit dem Alter kommt, und ihre ältlichen schwarzen Handschuhe waren hier und da zerschlissen und schmutzig grau; trotzdem verspürte Mrs. Matson keinerlei Verlangen nach den schmucken neuen Kostümen, die verlockend vor ihr dekoriert waren. Mit Wohlbehagen dachte sie an die Reihen von Kleidern, jedes unter einem geblümten Kretonneüberzug und auf einem lackierten Bügel, über sämtliche Stangen ihres Schlafzimmerwandschranks verteilt.

Sie hatte ihre unumstößlichen Ansichten über Leute, die Kleider wegschenkten oder wegwarfen, obwohl man sie noch tragen konnte, weil sie warm waren und weil es bescheiden war, wenn auch nicht unbedingt Mode. Sie fand es ausgesprochen proletenhaft, neue Kleider »für jeden Tag« zu nehmen; so etwas hatte den unangenehmen Beigeschmack von Extravaganz und Liederlichkeit. Die arbeitenden Schichten, die sich, wie Mrs. Matson ihren Freundinnen häufig erläuterte, sofort elektrische

Eisboxen und Radios kauften, kaum daß sie ein bißchen Geld hatten, die taten so etwas.

Kein morbider Gedanke daran, daß sie plötzlich sterben könnte, bevor noch die Kleider in ihrem Schrank ausgetragen oder genossen worden waren, versetzte sie in Schrecken. Des Lebens Ungewissheiten galten nicht für Leute ihres Standes. Frauen wie Mrs. Matson segneten das Zeitliche zwischen siebzig und achtzig; manchmal später, nie früher.

Eine blinde farbige Frau mit einem Bauchladen voller Stifte am Hals kam mit dem Spazierstock vor sich auf den Bürgersteig klopfend die Straße entlang. Mrs. Matson bog scharf zum Bordstein ab, um ihr auszuweichen, und widmete ihr einen vernichtenden Blick. Sie war augenblicklich überzeugt, daß die Frau genauso gut sah wie sie selbst. Mrs. Matson kaufte nie etwas von armen Leuten auf der Straße, und sie wurde ärgerlich, wenn sie sah, daß andere Leute das taten. Sie ließ häufig Bemerkungen fallen, daß diese Bettler alle dicke Bankkonten hatten.

Sie ging über die Straße zu den Haltestellen und wartete auf die Straßenbahn, die sie nach Hause bringen würde, aber ihre Ruhe war beeinträchtigt durch den Anblick der Frau. »Besitzt vermutlich ein ganzes Mietshaus«, sagte sie zu sich und schoß der blinden Frau einen wütenden Blick hinterher.

Sie fand jedoch ihr Gleichgewicht wieder, als sie bei dem höflichen Schaffner das Fahrgeld entrichtete. Mrs. Matson tätigte kleine, berechtigte Ausgaben sogar gern, wenn sie an Leute gingen, die gehörig dankbar waren. Sie reichte ihm ihr Fünfcentstück mit einer Geste, mit der jemand einer Stadt einen Park schenkt, und schwang sich in den Wagen und auf einen bevorzugten Sitzplatz.

Als sie sich niedergelassen und das Päckchen zwischen ihrer Hüfte und dem Fenster sicher gegen Verlust oder Diebstahl eingeklemmt hatte, holte Mrs. Matson wieder Heft und Bleistift heraus. »Fahrschein $,05«, schrieb sie. Wieder verschafften ihr die erlesene Schrift und die sauberen Ziffern einen Schauer der Befriedigung.

Wie eine Königin ohne ein Wort der Würdigung nahm Mrs. Matson die Hilfe des Schaffners entgegen, als sie an ihrer Ecke ausstieg. Sie trottete den sonnenüberströmten Bürgersteig entlang, machte hier und da Verbeugungen zu Nachbarinnen, die strickend auf ihren Veranden saßen oder sich emsig über ihre Iris-Beete beugten. Es waren langsame, gemessene Verbeugungen, ohne ein Lächeln oder Grußwort. Schließlich war sie Mrs. Albert Matson, und davor war sie Miss Laura Whitmore gewesen, von den Hammerschmiede-und-Werkzeugmacher-Whitmores. So etwas verliert man nicht aus den Augen.

Stets genoß sie den ersten Blick auf ihr Haus, wenn sie darauf zu schritt. Er verstärkte ihren Sinn für Sicherheit und Beständigkeit. Da stand es, inmitten des gepflegten, baumlosen Rasens, vierschrötig und solide und zu unverwüstlichen Diensten. Man dachte an Stahlstiche und Reihen mit Scott-Romanen hinter Glas und Sonntagsbraten pünktlich zu Mittag, wenn man es betrachtete. Man sah sofort, dort drinnen knallte niemand je eine Tür, da polterte niemand die Treppen hinauf und hinunter, da streute niemand Krümel oder Asche auf den Boden oder ließ das Licht im Badezimmer brennen.

Freudige Erwartung bestürmte Mrs. Matson, je näher sie auf ihr Heim schritt. Sie sprach immer von ihrem

Heim. »Sie müssen mich irgendwann in meinem Heim besuchen kommen«, wies sie neue Bekannte gnädig an. Heim klang nach Weite und Institution, die das Wort »Haus« nie aufbringen könnte.

Sie dachte gern an die kühlen, hohen Räume, die geschäftigen Hausmädchen, an den kleinen Curtis, wie er darauf wartete, ihr seinen respektvollen Begrüßungskuß zu entbieten. Sie hatte ihn vor fast einem Jahr adoptiert, als er vier war. Sie hatte es, erzählte sie ihren Freundinnen, nicht ein einziges Mal bereut.

Wenn sie nicht dabei war, halten sich ihre Freudinnen früher immer bedauernd darüber ergangen, wie schade es doch war, daß das Ehepaar Albert Matson keine Kinder hatte – und das bei all dem Geld, das die Matsons und die Whitmores besaßen. Sie konnten ja beide, so führten die Freundinnen ins Feld, nicht ewig leben; und alles würde an die Kinder der Henry Matsons fallen. Und sie gaben lediglich Albert Matsons eigene Worte wieder, wenn sie feststellten, daß das die Sorte Kinder war, die Geld ganz schnell zum Fenster rauswarf.

Mr. und Mrs. Matson hatten gemeinsame Ansichten über das Verhängnis, das hereinbrechen mußte, falls man ihre Nichten und Neffen auf das Matson-Whitmore-Geld losließ. Wie oft bei solchen Anlässen, trauten sie vor lauter Besorgtheit der anderen Familie Matson ehrerbietig Intrigen und Begierden zu, die auch in deren Träumen nie vorgekommen wären.

Nach Ansicht von Albert Matson und Frau lagen die Verwandten nur auf einer Art geduldiger Lauer und warteten auf den gebetvoll herbeigewünschten Augenblick ihres Todes. Mit den Jahren malten sie sich diese Matson-Kinder in immer grelleren Farben aus, wie sie aus ihrem Geld ein Schlachtfest machten wie seinerzeit General Sherman auf seinem Feldzug aus Georgia; jahrelang schleppten sie den Gedanken mit sich herum, daß ihr Ableben sehnsüchtig erwartet, ja sogar zum Ausgangspunkt bacchanalischer Vorhaben gemacht wurde.

Albert Matson und Frau waren in allem so eins wie in dieser Idee. Ihr Denken, ihre Manieren, ihre Meinungen, sogar ihre Redeweisen waren von phänomenaler Ähnlichkeit. Manche Leute behaupteten auch, daß sie ähnlich aussahen. Es galt als *das* Mißgeschick aller Zeiten, daß eine so offensichtlich im Himmel gestiftete Partie ohne Nachwuchs blieb. Und dann war da selbstverständlich noch – man mußte immer wieder darauf zurückkommen, so ragte es vor einem auf – dieses ganze Matson-Whitmore-Geld.

Niemand allerdings äußerte sein Beileid über die Kinderlosigkeit gegenüber Mrs. Matson direkt. In ihrem Beisein sprach man nicht über Dinge wie Kinderkriegen. Sie nahm es als Tatsache hin, daß es Babys gab, wenn ihr welche vorgeführt wurden; mit Abscheu überging sie die Art und Weise, wie sie zustandekamen.

Sie hatte keiner ihrer Freundinnen von ihrem Entschluß erzählt, einen kleinen Jungen zu adoptieren. Niemand hatte davon erfahren, bis alle Papiere unterschrieben waren und er in das Matson-Haus eingezogen war. Mrs. Matson hatte ihn, wie sie erläuterte, von »der ersten Adresse in New York«. Das überraschte niemanden. Mrs. Matson ging nur zu ersten Adressen, wenn sie in New York einkaufte. Man stellte sich ihre Art, ein Kind auszusuchen, genauso vor wie die, in der sie alles andere aussuchte, was ihr gehörte: gut mußte es sein und lange halten.

Sie hielt jäh an, als sie jetzt an die Pforte kam, ein finsterer Blick kniff ihre Augenbraue zusammen. Zwei kleine Jungen, viel zu vertieft, als daß sie ihre Schritte gehört hätten, spielten in der heißen Sonne neben der Hecke – zwei kleine Jungen, sehr ähnlich in Alter, Größe und Kleidung, kräftig und in Rosa und Weiß, liebe kleine Jungen mit vor Aufregung geröteten Bäckchen und feucht-warmen Nacken. Sie spielten ein endloses, geheimnisvolles Spiel mit Steinchen und Hölzchen und einer kleinen Blechstraßenbahn.

Mrs. Matson trat in den Garten.

»Curtis!« sagte sie.

Die beiden kleinen Jungen sahen erschreckt hoch. Der eine von beiden stand auf und senkte den Kopf vor ihrem finsteren Blick.

»Und wer«, fragte Mrs. Matson eindringlich, »wer hat Georgie gesagt, daß er hierherkommen kann?«

Keine Antwort. Georgie, der noch immer auf seinen Absätzen kauerte, sah fragend von ihr zu Curtis. Er war neugierig und hatte keine Angst.

»Warst du das, Curtis?« fragte Mrs. Matson.

Curtis nickte. Es war kaum wahrnehmbar, so tief ließ er den Kopf hängen.

»Ja, liebe Mutter!« sagte Mrs. Matson.

»Ja, liebe Mutter«, flüsterte Curtis.

»Und wie oft«, wollte Mrs. Matson wissen, »habe ich dir gesagt, du sollst nicht mit Georgie spielen? Wie oft, Curtis?«

Curtis brummelte undeutlich. Er wünschte sich, daß Georgie bitte gehen möge.

»Das weißt du nicht?« sagte Mrs. Matson ungläubig. »Das weißt du nicht? Nach allem, was Mutter für dich tut, weißt du nicht, wie oft sie dir gesagt hat, du sollst nicht mit Georgie spielen? Hast du etwa auch vergessen, was Mutter dir gesagt hat, was sie mit dir machen muß, wenn du noch einmal mit Georgie spielst?«

Pause. Dann ein Nicken.

»Ja, liebe Mutter!« sagte Mrs. Matson.

»Ja, liebe Mutter«, sagte Curtis.

»Aha!« sagte Mrs. Matson. Sie wandte sich an den völlig gebannten Georgie. »Du mußt jetzt nach Hause gehen, Georgie – geh jetzt auf der Stelle nach Hause. Und daß du mir hier nie wieder herkommst, hast du mich verstanden? Curtis darf mit dir nicht spielen – ein für allemal.«

Georgie stand auf.

»Tschüs«, sagte er einsichtig und stapfte davon, ohne daß sein Abschiedsgruß erwidert wurde.

Mrs. Matson sah hinunter auf Curtis. Gram ließ ihre Züge entgleisen.

»Spielen!« sagte sie, und ihre Stimme war vor Erregung gebrochen. »Spielen mit dem Kind eines Heizers. Nach allem, was Mutter für dich tut!«

Sie nahm ihn bei seinem schlaffen Arm und zog ihn widerstandslos den Weg entlang ins Haus; zog ihn, nachdem das Mädchen die Tür geöffnet hatte, die Treppe hinauf in sein kleines blaues Zimmer. Sie schob ihn hinein und schloß die Tür.

Dann ging sie in ihr Zimmer, setzte behutsam das Päckchen auf dem Tisch ab, zog sich die Handschuhe aus und legte sie mitsamt ihrer Handtasche ordentlich in eine Schublade. Sie ging zum Wandschrank, hängte ihren Mantel auf, bückte sich dann nach einem ihrer Filzpantoffeln, die akkurat in der ersten Walzerstellung unter ihrem Nachthemd auf dem Boden standen. Es war ein fliederfarbener Pantoffel mit Langettenstickerei und einer dezenten Rosette; er hatte eine dünne, biegsame Ledersohle, auf der der Name »B-Quem«-Schuhe eingraviert war.

Mrs. Matson packte ihn fest beim Absatz und schwang ihn vor und zurück. Dann ging sie damit in das Zimmer des kleinen Jungen. Sie fing schon an zu sprechen, während sie noch den Türknauf drehte.

»Und auch noch, bevor deine Mutter Zeit hatte, den Hut abzusetzen«, sagte sie. Die Tür schloß sich hinter ihr.

Sie kam bald wieder heraus, eine Tonleiter aus Schreien im Gefolge.

»Das reicht jetzt«, verkündete sie und sah von der Tür aus noch einmal zurück. Die Schreie verblaßten gehorsam zu Schluchzern. »Das reicht allmählich, vielen Dank. Mutter hat mehr als genug für einen einzigen Vormittag. Und das heute, wo die Damen nachmittags kommen, und um was Mutter sich noch alles kümmern muß! Oh, ich würde mich schämen, Curtis, wenn ich du wäre – das würde *ich* tun.«

Sie schloß die Tür und ging wieder in ihr Zimmer, um den Hut abzusetzen.

Die Damen kamen am frühen Nachmittag. Sie waren zu dritt. Die graue, spröde und gewissenhafte Mrs. Kerley, die nie vergaß, Geburtstagskarten zu verschicken und kranken Leuten Suppe in Einweckgläsern zu bringen. Mrs. Swan, ihre jüngere Schwägerin auf Besuch, eine Anhängerin von Blumenhüten und gestickten Spitzenkragen; sie kam mit der hellen, nachdrücklichen Neugier aller flüchtigen Gäste für den Wirkungsbereich und die Bekannten ihrer Gastgeberin. Schließlich Mrs. Cook.

Aber sie zählte nicht ganz. Sie war extrem taub und blieb deshalb ziemlich außerhalb des Geschehens.

Sie hatte unzählige Spezialisten aufgesucht und unendliche Mengen Geld ausgegeben und qualvolle Behandlungen über sich ergehen lassen, weil sie um alles in der Welt mithören und an dem teilhaben wollte, was um sie herum vorging. Zuguterletzt hatte man sie mit einem gewundenen und gewellten langen Hörrohr ausgestattet, das eher wie ein Stück Dickdarm aussah. Das eine Ende steckte sie in das bessere Ohr, das andere reckte sie den Leuten entgegen, die sich mit ihr der Rede befleißigen sollten. Aber das glänzende schwarze Mundstück schien die Leute eher verlegen zu machen und sie einzuschüchtern; es fiel ihnen nichts Besseres ein, als »Kühlt sich aber ab draußen« oder »Geht's denn so?« hineinzurufen. Um derlei Bemerkungen hören zu können, hatte sie Jahre des Leidens durchgemacht.

Mrs. Matson im blauen Taftkleid aus dem letzten Frühjahr verteilte die Damen auf die Sessel im Wohnzimmer. Der Nachmittag war für feine Handarbeiten und Konversation vorgesehen. Später sollte es Tee geben, dazu pro Nase zwei Sandwich-Dreiecke mit den kleingehackten Hühnchenresten von gestern abend und einen Kuchen, den Mrs. Matson besonders gern servierte, da sein Rezept nur ein einziges Ei verlangte. Sie hatte persönlich in der Küche gestanden und die Zubereitung überwacht. Sie war nicht völlig sicher, daß die Köchin mit den Zutaten aaste, aber sie hatte das Gefühl, ein bißchen Aufsicht könnte die Frau ganz gut vertragen.

Die Kreppapierkörbchen waren ziemlich voll mit Pfefferminzcrèmeplätzchen und sollten die Ecken des Teetischs auflockern. Mrs. Matson vertraute auf ihre

Gäste; sie würden sie nicht als Aufmerksamkeit betrachten und mit nach Hause nehmen.

Die Unterhaltung drehte sich, anerkennend obendrein, um das Wetter. Mrs. Kerley und Mrs. Swan wetteiferten um Komplimente für den Tag.

»So klar«, sagte Mrs. Kerley.

»Kein Wölkchen am Himmel«, überbot Mrs. Swan. »Nicht ein einziges.«

»Die Luft war einfach wundervoll heute morgen«, berichtete Mrs. Kerley. »Ich sagte noch zu mir: ›Also, wenn es je einen wunderschönen Tag gegeben hat, dann diesen hier.‹«

»Er hat so etwas Balsamisches«, sagte Mrs. Swan.

Mrs. Cook platzte überlaut dazwischen, mit der unverläßlichen Stimme der Gehörgeschädigten.

»Puh, ist das eine brüllende Hitze!« sagte sie. »Sowas Fürchterliches draußen.«

Die Unterhaltung schwenkte sofort auf Literatur über. Es stellte sich heraus, daß Mrs. Kerley ein wundervolles Buch gelesen hatte. Den Titel und den Autor vermochte sie momentan nicht zu nennen, aber sie fand es so entzückend, daß sie gestern abend bis reichlich nach zehn darin herumgeschmökert hatte. Besonderes Lob fand sie für die Beschreibungen von diesen italienischen Städten; die waren, betonte sie, einfach wie ein Bild. Auf das Buch aufmerksam gemacht hatte sie die junge Frau im »Bücherstübchen«. Es sei, gemäß ihrem Zeugnis, eine von den Neuerscheinungen.

Mrs. Matson starrte grimmig auf ihre Stickerei. Die Worte kamen ihr flüssig über die Lippen. Sie schien schon öfter über dieses Thema gesprochen zu haben.

»Ich weiß gar nicht, wozu diese ganzen Bücher gut

sein sollen«, sagte sie. »Ich würde keinen Platz in meinem Heim dafür hergeben. Ich verstehe gar nicht, wieso jemand sich hinsetzt und so ein Zeug überhaupt schreibt. Ich denke oft, ich glaube, die wissen gar nicht, was sie da über sich selbst schreiben, die meiste Zeit. Ich weiß gar nicht, was bilden die sich eigentlich ein, wer so etwas lesen möchte. Ich jedenfalls bestimmt *nicht.*«

Sie machte eine Pause, um ihre Worte in die Tiefe wirken zu lassen.

»Mr. Matson«, fuhr sie dann fort – sie nannte ihren Mann immer so; das verbreitete ein aristokratisches Flair von Entrücktheit und ließ jeden Hauch von fleischlich-intimer Nähe zwischen ihnen vergessen – »Mr. Matson hat ebensowenig Bedarf an diesen neuen Büchern. Er sagt immer, wenn er noch einmal ein Buch wie *David Harum* fände, ja, dann würde er es auf der Stelle verschlingen. Ich wünschte nur«, fügte sie sehnsüchtig hinzu, »ich hätte jedesmal, wenn ich ihn das sagen höre, einen Dollar bekommen.«

Mrs. Kerley lächelte. Mrs. Swan streute eine kleine Lachkaskade in die Pause.

»Tja, das ist wahr, weißt du, das ist wirklich wahr«, sagte Mrs. Kerley zu Mrs. Swan.

»Oh, natürlich«, versicherte Mrs. Swan hastig.

»Ich weiß gar nicht, wo soll das noch hinführen, *weiß* Gott nicht«, verkündete Mrs. Matson.

Sie stickte weiter, der Faden quietschte durch den festgespannten Stoffkreis in ihrem Stickrahmen.

Die abgebrochene Unterhaltung lastete schwer auf Mrs. Swan. Sie hob den Kopf und sah aus dem Fenster.

»Nein, was für einen wunderbaren Rasen Sie haben!«

sagte sie. »Der ist mir gleich aufgefallen, als erstes. Wir leben ja in New York, wissen Sie.«

»Ich sage oft, ich verstehe gar nicht, wieso die Leute sich freiwillig an solchen Orten verbarrikadieren«, sagte Mrs. Matson. »Wissen Sie, in New York da existiert man – wir, hier draußen, wir leben.«

Mrs. Swan lachte etwas nervös. Mrs. Kerley nickte. »Das stimmt«, sagte sie. »Genau so ist es.«

Mrs. Matson fand es der Wiederholung wert. Sie griff nach Mrs. Cooks Hörrohr.

»Ich habe eben zu Mrs. Swan gesagt«, rief sie und brüllte ihr Epigramm durch das Mundstück.

»Leben wo?« fragte Mrs. Cook.

Mrs. Matson lächelte sie geduldig an. »New York. Sie wissen doch, wo ich meinen kleinen Adoptivsohn herhabe.«

»Oh, ja«, sagte Mrs. Swan. »Carrie erzählte davon. Nein, war das nicht wunderbar von Ihnen!«

Mrs. Matson hatte nur ein Achselzucken übrig. »Ja«, sagte sie, »ich ging direkt zu der ersten Adresse seinetwegen. Miss Codmans Kinderheim – durch und durch vertrauenswürdig. Dort bekommen Sie schrecklich nette Kinder. Die Warteliste ist allerdings ziemlich lang, hörte ich.«

»Liebe Güte, stellen Sie sich vor, wie ihm das vorkommen muß, hier draußen zu leben«, sagte Mrs. Swan, »in diesem großen Haus mit diesem wunderbaren weichen Rasen und allem.«

Mrs. Matson lachte leicht. »Oh – ja, ja,« sagte sie.

»Hoffentlich weiß er es auch zu schätzen«, bemerkte Mrs. Swan.

»Das glaube ich schon«, sagte Mrs. Matson huldvoll.

»Natürlich«, räumte sie ein, »ist er jetzt noch ziemlich jung.«

»So wunderbar«, murmelte Mrs. Swan. »Und süß, wenn man sie so jung bekommt und dann großzieht.«

»Ja, ich glaube auch, so ist es am angenehmsten«, pflichtete Mrs. Matson bei. »Und wissen Sie, es macht mir wirklich Freude, ihm Manieren beizubringen. Natürlich möchten wir, daß er sich jetzt, wo wir ihn hier bei uns haben, wie ein kleiner Gentleman benimmt.«

»Wenn man sich das vorstellt«, rief Mrs. Swan, »so ein Kind und hat das alles! Wollen Sie ihn später auch auf die Schule schicken?«

»O ja«, erwiderte Mrs. Matson. »Wir möchten, daß er eine ordentliche Bildung bekommt. Ein Kind gehört auf eine gute kleine Schule hier in der Umgebung, zum Beispiel, wo es nur mit Kindern aus gutem Hause zusammenkommt, und es wird dort Freundschaften schließen, die ihm eines Tages gut zustatten kommen werden.«

Mrs. Swan bekam einen schelmischen Zug. »Vermutlich haben Sie längst genau festgelegt, was er mal werden soll, wenn er erwachsen ist«, sagte sie.

»Ja, selbstverständlich«, sagte Mrs. Matson. »Er wird sofort in Mr. Matsons Firma einsteigen. Mein Mann«, belehrte sie Mrs. Swan, »ist Rechenmaschinen-Matson.«

»Oh-h-h-«, sagte Mrs. Swan die ganze Tonleiter abwärts.

»Ich denke, Curtis wird ein sehr guter Schüler sein«, prophezeite Mrs. Matson. »Er ist gar nicht dumm – schnappt alles auf. Mr. Matson legt großen Wert darauf, daß aus ihm ein tüchtiger, vernünftiger Geschäftsmann wird – er sagt, solche Leute braucht unser Land, wissen

Sie. Deshalb versuche ich auch jetzt schon, ihm den Wert des Geldes beizubringen. Ich habe ihm eine kleine Bank gekauft. Ich glaube, man kann gar nicht früh genug damit anfangen. Denn eines Tages hat Curtis ja wahrscheinlich – nun ja –«

Mrs. Matson glitt in die beschwingte Stimmung des Anekdotischen hinüber.

»Oh, Kinder haben ja eine lustige Art«, bemerkte sie. »Neulich brachte Mrs. Newman ihre kleine Amy mit, damit sie mit Curtis spielen konnte, und als ich hinaufging, um mal nachzusehen, was sie eigentlich machen, saß er da und verschenkte gerade sein nagelneues Flanellkaninchen. Also habe ich ihn sofort in mein Zimmer gebracht und hingesetzt und ihm gesagt: ›So, Curtis‹, habe ich gesagt, ›du mußt dir mal klarmachen, daß Mutter fast zwei Dollar für dieses Kaninchen ausgegeben hat – fast zweihundert Pennies‹, habe ich gesagt. ›Es ist zwar sehr nett, wenn man großzügig ist, aber du mußt auch lernen, daß es nicht sehr gut ist, Sachen einfach zu verschenken. Du gehst jetzt zu Amy‹, habe ich gesagt, ›und erklärst ihr, daß es dir leid tut, aber daß sie dir das Kaninchen sofort wiedergeben soll.‹«

»Und hat er es gemacht?« fragte Mrs. Swan.

»Aber ja, ich hatte es ihm ja gesagt«, sagte Mrs. Matson.

»Ist das nicht herrlich?« fragte Mrs. Swan in die Runde.

»Wirklich, wenn man sich das vorstellt. So ein Kind, und plötzlich hat es alles auf einmal. Dabei ist er doch vermutlich Kind armer Leute. Die Eltern – leben noch?«

»Oh, nein, nein«, sagte Mrs. Matson rasch. »Mit solchen Sachen möchte ich nie behelligt werden. Ich habe selbstverständlich alles über sie in Erfahrung gebracht. Es waren wirklich anständige, saubere Leute – der Vater ein Akademiker. Curtis kommt eigentlich aus sehr ordentlichen Verhältnissen – für ein Waisenkind.«

»Haben Sie vor, ihm irgendwann zu sagen, daß Sie nicht – daß er nicht – es ihm zu erzählen?« fragte Mrs. Kerley.

»Aber, lieber Gott, ja, sobald er ein bißchen älter ist«, antwortete Mrs. Matson. »ich finde es doch viel netter für ihn, wenn er es weiß. Er wird dann alles noch viel mehr zu schätzen wissen.«

»Kann sich das kleine Ding an Vater und Mutter denn überhaupt erinnern?« fragte Mrs. Swan.

»Das weiß ich wirklich nicht«, sagte Mrs. Matson.

»Tee«, kündigte das Mädchen an, das plötzlich an der Tür erschienen war.

»Der Tee ist serviert, Mrs. Matson«, sagte Mrs. Matson mit gereizter Stimme.

»Der Tee ist serviert, Mrs. Matson«, echote das Mädchen.

»Also, *ich* weiß gar nicht mehr, was ich mit ihr noch anstellen soll«, erzählte Mrs. Matson ihren Gästen, als das Mädchen verschwunden war. »Gestern abend hatte sie bis fast elf Besuch hier in der Küche, den ganzen Abend. Mein Problem ist, ich bin viel zu gutmütig mit den Dienstboten. Das einzige, was man mit ihnen machen muß, ist sie behandeln wie Vieh.«

»Etwas anderes wissen sie sowieso nicht zu schätzen«, sagte Mrs. Kerley.

Mrs. Matson legte ihre Stickerei in das Bastkörbchen und stand auf.

»Nun, wollen wir eine Tasse Tee trinken?« sagte sie.

»Nein, wie wunderbar«, rief Mrs. Swan.

Mrs. Cook, die verbissen vor sich hin gestrickt hatte, wurde mittels Hörrohr in Kenntnis gesetzt, daß der Tee serviert war. Sie ließ augenblicklich ihre Arbeit fallen und ging vor ins Eßzimmer.

Das Gespräch am Teetisch drehte sich um Maschen und Strickmuster. Mrs. Swan und Mrs. Kerley sangen Lobeshymnen, die Mrs. Matson wohlwollend entgegennahm, über die Sandwiches, den Kuchen, die Körbchen, das Tischtuch, das Porzellan und das Muster des Bestecks.

Dann sah jemand auf die Uhr, und es erhoben sich überraschte Schreie, wie schnell der Nachmittag verflogen war. Handarbeitstaschen wurden eingesammelt, und alle flatterten in den Flur, um die Hüte aufzusetzen. Mrs. Matson beobachtete ihre Gäste.

»Also, es war einfach ganz reizend«, erklärte Mrs. Swan und ergriff ihre Hand. »Ich kann Ihnen gar nicht sagen, wie sehr es mich gefreut hat, von dem lieben kleinen Jungen zu hören und alles. Ich hoffe sehr, ich darf ihn irgendwann auch mal sehen.«

»Oh, Sie können ihn gleich sehen, wenn Sie möchten«, sagte Mrs. Matson. Sie ging zur Treppe und sang: »*Cur*-tis, *Cur*-tis.«

Curtis erschien oben im Flur in einem adretten grauen Baumwoll-Matrosenanzug, der unter sparerischen Gesichtspunkten so ausgesucht worden war, daß er »noch hineinwachsen« konnte. Er sah auf sie hinunter, erspähte Mrs. Cooks Hörrohr und starrte es eindringlich aus weit aufgerissenen Augen an.

»Komm nach unten und begrüß die Damen, Curtis«, befahl Mrs. Matson.

Curtis machte sich auf den Weg, sein warmes Händchen quietschte am Geländer. Er setzte seinen rechten Fuß auf eine Stufe, zog den linken vorsichtig hinterher und setzte dann den rechten wieder vor. Schließlich war er unten.

»Kannst du den Damen nicht ›guten Tag‹ sagen?« fragte Mrs. Matson.

Er gab daraufhin jeder Dame eine kleine, schlappe Hand.

Mrs. Swan ging plötzlich vor ihm in die Hocke, so daß ihr Gesicht auf gleicher Höhe mit seinem war.

»Nein, was für ein artiger Junge!« brüllte sie. »Ich liebe so kleine Jungen wie dich, weißt du das? Huh, ich würde dich am liebsten aufessen. Das würde ich!«

Sie kniff ihn in den Arm. Curtis drehte vor Schreck seinen Kopf von ihrem Gesicht weg.

»Und wie heißt du?« fragte sie. »Wollen mal sehen, ob du mir sagen kannst, wie *du* heißt. Wetten, du kannst das?«

Er sah sie an.

»Kannst du der Dame nicht deinen Namen sagen, Curtis?« sagte Mrs. Matson fordernd.

»Curtis«, sagte er der Dame.

»Nein, was für ein hübscher Name!« brüllte sie. Sie sah hoch zu Mrs. Matson. »War das sein richtiger Name?« fragte sie.

»Nein«, sagte Mrs. Matson, »sie hatten ihn anders genannt. Aber ich habe ihm sofort diesen Namen gegeben. Meine Mutter war eine geborene Curtis.«

So wie man etwa sagt: »Vor meiner Heirat hieß ich Habsburg.«

Mrs. Cook gellte. »Glück gehabt!« sagte sie. »Ganz schön Glück gehabt, der junge Mann!«

»Das will ich wohl meinen«, echote Mrs. Swan. »Du bist ja ein richtiger kleiner Hans-im-Glück, was? Was, was, was – du?« Sie rieb ihre Nase an seiner.

»Jawohl, Mrs. Swan«, sprach Mrs. Matson vor und sah Curtis finster an.

Er murmelte vor sich hin.

»Huh – *du*!« sagte Mrs. Swan. Sie kam wieder hoch aus der Hocke. »Am liebsten würde ich dich stehlen, mit deinem kleinen Matrosenanzug und allem Drum und Dran!«

»Mutter hat dir diesen Anzug gekauft, nicht wahr?« fragte Mrs. Matson den kleinen Curtis. »Mutter hat ihm alle seine schönen Sachen gekauft.«

»Oh, er sagt Mutter zu Ihnen? Nein, wie süß!« rief Mrs. Swan.

»Ja, das finde ich auch nett«, sagte Mrs. Matson.

Ein schneller, fester Schritt war auf der Veranda zu hören; ein Schlüssel drehte sich im Schloß. Mr. Matson war gekommen.

»Nun«, sagte Mrs. Matson beim Anblick ihres Gatten. Es war ihre feststehende allabendliche Begrüßung.

»Ah«, sagte Mr. Matson. Das war seine.

Mrs. Kerley gurrte. Mrs. Swan klimperte lebhaft mit den Augen. Mrs. Cook setzte das Hörrohr ans Ohr in der Vorfreude auf etwas Lohnendes.

»Ich glaube, Mrs. Swan kennst du noch nicht, Albert«, bemerkte Mrs. Matson. Er machte eine Verbeugung.

»Oh, ich habe so viel von Mr. Matson gehört«, rief Mrs. Swan.

Er machte noch eine Verbeugung.

»Wir haben uns gerade mit Ihrem lieben kleinen Jungen angefreundet«, sagte Mrs. Swan. Sie kniff Curtis in die Wange. »Du Süßer, du!«

»Nun, Curtis«, sagte Mr. Matson, »hast du für mich kein ›guten Abend‹ übrig?«

Curtis gab seinem jetzigen Vater mit einem schwachen, höflichen Lächeln die Hand. Er sah bescheiden zu Boden.

»So ist das schon besser,« befand Mr. Matson. Nachdem er seinen elterlichen Pflichten nachgekommen war, wandte er sich seinen gesellschaftlichen zu. Kühn ergriff er Mrs. Cooks Hörrohr. Curtis sah genau zu.

»Hat sich abgekühlt draußen«, dröhnte Mr. Matson. »Hatte auch damit gerechnet.«

Mrs. Cook nickte. »Gut so!« brüllte sie.

Mr. Matson drängelte sich vor, um ihr die Tür aufzuhalten. Er hatte recht großzügige Ausmaße, und der Flur war eng. Einer der Zierknöpfe an seinem Jackettärmel hakte sich in Mrs. Cooks Hörrohr fest. Es fiel mit beängstigendem Gepolter zu Boden und sprang dort hin und her.

Curtis' Beherrschung war hin. Welle nach Welle von schrillem, hilflosem Gelächter brach aus ihm heraus. Er lachte immer weiter, obwohl Mrs. Matson aufschrie: »Curtis!«, obwohl Mr. Matson ihn drohend ansah. Er schlug die Hände auf die kleinen braunen Knie und bog sich und lachte und lachte wie ein Irrer.

»Curtis!« bellte Mrs. Matson. Das Lachen erstarb. Curtis nahm wieder Haltung an, und ein letzter kleiner Seufzer des Vergnügens entrang sich ihm.

Mr. Matson bedeutete ihm mit einer herrischen Geste: »Hinauf!« dröhnte er.

Curtis machte kehrt und kletterte die Stufen wieder hinauf. Er sah klein aus neben dem Geländer.

»Also, ausgerechnet –« sagte Mrs. Matson. »Ich habe nie erlebt, daß er so etwas macht, seit er hier ist. So etwas habe ich noch nie von ihm gehört!«

»Der junge Mann«, verkündete Mr. Matson, »braucht mal eine gehörige Standpauke.«

»Der braucht noch mehr«, sagte seine Gattin.

Mr. Matson bückte sich mit einem leisen Knacken, hob das Hörrohr auf und überreichte es Mrs. Cook. »Gern geschehen«, sagte er in Erwartung des Dankes, der unausgesprochen geblieben war. Er machte eine Verbeugung.

»Entschuldigen Sie mich«, befahl er dann und stieg die Treppe hinauf.

Mrs. Matson ging hinter ihren Gästen her an die Tür. Sie war betreten und offensichtlich auch bekümmert.

»Nie«, versicherte sie, »nie habe ich so etwas bei dem Kind erlebt.«

»Ach, Kinder«, beschwichtigte Mrs. Kerley, »die sind manchmal komisch – vor allen Dingen ein kleiner Junge wie der da. Da kann man doch nicht so viel erwarten. Meine Güte, Sie werden das schon geradebiegen! Ich sage immer, ich kenne kein Kind, aus dem man besser etwas machen könnte, als den jungen Mann da – als wär's Ihr eigener.«

Friede hielt wieder Einzug in Mrs. Matsons Brust. »Oh – du meine Güte!« sagte sie. Fast eine Art Scheu lag in ihrem Lächeln, als sie die Tür hinter den Hinausgehenden schloß.

Big Lannie ging des Morgens zu wohlhabenden, mußevollen Damen ins Haus, um deren Seiden und Linnen zu waschen. Sie arbeitete tadellos; manch eine Dame sagte ihr das sogar. Sie war eine große, massige, behäbige Frau von kräftiger braun-schwarzer Farbe, außer in den Handflächen und auf den Innenseiten der Finger, die vom Dampf und den heißen Laugen wie Guttapercha geworden waren. Sie war behäbig, weil sie so riesig war und weil ihr die dicken Adern in den Beinen schmerzten und der Rücken so häufig weh tat. Aber weder verfluchte sie sie, noch kümmerte sie sich um Mittel gegen ihre Leiden. Sie waren ihr eben zugestoßen; sie gehörten dazu.

Viel war ihr zugestoßen. Sie hatte Kinder bekommen, und die Kinder waren gestorben. Ebenso ihr Mann, ein freundlicher Mann, froh und zufrieden mit dem kleinen Glück, das er gefunden hatte. Von den Kindern war keines bei der Geburt gestorben. Sie waren herangewachsen, vier oder sieben oder zehn Jahre lang, hatten Eigenheiten und Wesenszüge und das Talent ausgeprägt, Liebe auf sich zu ziehen; und Big Lannies Herz war für Liebe immer weit offen. Ein Kind war bei einem Verkehrsunfall ums Leben gekommen, und zwei andere waren an Krankheiten gestorben, die nur lästige Zwischenfälle hätten sein müssen, hätten die Kinder frisches Essen und freundliche Räume und saubere Luft auf ihrer Seite gehabt. Nur Arlene, die Jüngste, überlebte die Kindheit.

Arlene war ein hochgewachsenes Mädchen, nicht so dunkel wie ihre Mutter, aber von der gleichen kräftigen, ebenmäßigen Farbe. Sie war so dürr, daß es immer aussah, als wanderten ihre Knochen vor dem Körper her. Ihre Röhrenbeinchen und die breiten Füße mit den ausgebuchteten Fersen wirkten wie etwas, das Kinder mit Buntstiften malen. Sie hielt den Kopf gesenkt, die Schultern schlenkerten ihr um die Brust, und der Bauch war nach vorn gewölbt. Schon als sie noch ganz klein war, hatten Männer sie belagert.

Arlene war immer eine Streunerin gewesen; auch das gehörte zu dem, was Big Lannie eben zugestoßen war. Es gehörte dazu, und Big Lannie konnte nur immer mehr Geschenke und Überraschungen für Arlene mitbringen, damit sie ihre Mutter liebte und zu Hause blieb. Sie brachte Fläschchen mit stechendem Parfüm und helle Strümpfe aus kratziger Seide und Ringe mit roten und grünen Glassplittern; sie bemühte sich, Dinge auszusuchen, die Arlene mögen würde. Aber jedesmal, wenn sie überhaupt nach Hause kam, hatte Arlene größere Ringe und seidigere Strümpfe und würzigere Parfüms an, als die Mutter ihr je kaufen konnte. Manchmal blieb sie über Nacht bei ihr und manchmal sogar mehr als eine Woche; und dann kam Big Lannie eines Abends von der Arbeit, und das Mädchen war weg, ohne ein Wort zu hinterlassen. Big Lannie brachte weiter Überraschungen mit und drapierte sie alle auf Arlenes Bett, wo sie auf deren Rückkehr warteten.

Big Lannie wußte von nichts, als Arlene ein Baby erwartete. Arlene war fast ein halbes Jahr nicht zu Hause gewesen; Big Lannie rechnete die Zeit nach Tagen. Sie hatte gar nichts mehr von ihr gehört, bis die Leute vom

Krankenhaus nach Big Lannie schickten, sie solle ihre Tochter und ihr Enkelkind besuchen. Sie hörte Arlene gerade noch sagen, das Baby müsse Raymond genannt werden, und sah sie dann sterben. Nach wem Raymond benannt wurde, und ob überhaupt nach irgendjemandem, das erfuhr Big Lannie nie.

Er war ein langgliedriges, hellhäutiges Baby mit großen, milchigen Augen, die den Blick der Großmutter fest erwiderten. Erst nach ein paar Tagen eröffneten ihr die Leute vom Krankenhaus, daß er blind war.

Big Lannie ging zu jeder einzelnen Dame, bei der sie angestellt gewesen war, und erklärte, daß sie eine Zeitlang nicht für sie würde arbeiten können; sie müßte sich um ihren Enkel kümmern. Die Damen waren äußerst pikiert, nach Jahren fester Arbeit, verbargen ihre Empörung jedoch hinter Achselzucken und kühlen Worten. Jede für sich kam zu dem Schluß, sie sei viel zu gutmütig mit Big Lannie gewesen und folglich hintergangen worden. »Nein, wirklich, diese Nigger!« sagte jede zu ihren Freundinnen. »Sind alle überein.«

Big Lannie verkaufte die meisten Sachen, in denen sie gelebt hatte, und nahm sich ein Zimmer mit Ofen. Dorthin brachte sie Raymond, sobald die Leute vom Krankenhaus sie ließen, und pflegte ihn. Er war all ihre Kinder für sie.

Sie war immer eine sparsame Frau gewesen, brauchte wenig und hatte keine Extrawünsche, und sie war lange allein gewesen. Auch nach Arlenes Beerdigung war genug da, damit Raymond und Big Lannie eine Weile über die Runden kamen. Big Lannies Behäbigkeit verzögerte auch ihre Angst vor dem, was auf sie zukommen würde; Furcht war zunächst überhaupt nicht zu Gast und schlich sich später auch nur ein, wenn Big Lannie wachlag, wenn die Nacht regungslos vor dem nächsten Tag hing.

Raymond war ein liebes Kind, ein stilles, geduldiges Baby; er lag in seinem Holzkistchen und streckte seine feinen Händchen nach Klängen aus, die für ihn Licht und Farbe waren. Es schien nur ein Weilchen, es kam Big Lannie ganz kurz vor, dann lief er schon im Zimmer herum, mit ausgestreckten Händen, auf flinken, sicheren Füßen. Big Lannies Freunde, die ihn zum ersten Mal sahen, mußten erklärt bekommen, daß er nicht sehen konnte.

Dann, und wieder schien es nur ein ganz kleines Weilchen, konnte er sich schon selbst anziehen und seiner Großmutter die Tür aufmachen und ihr die Schuhe von den müden Füßen lösen und ihr mit seiner sanften Stimme etwas erzählen. Sie fand gelegentlich Arbeit – hier und da hörte eine Nachbarin, wo Big Lannie einen Tag lang schrubben gehen konnte, oder manchmal durfte sie für eine kranke Freundin einspringen –, aber das war selten und nichts, worauf man sich verlassen konnte. Sie ging zu den Damen, für die sie gearbeitet hatte, und fragte, ob sie sie nicht vielleicht wiederhaben wollten; aber sie hatte wenig Hoffnung, nachdem sie bei der ersten gewesen war. Also, das ist doch, wirklich, sagten die Damen; also, wirklich, das ist doch.

Die Nachbarinnen gegenüber auf dem Flur paßten auf Raymond auf, wenn Big Lannie Arbeit suchen ging. Er störte sie nicht, und sich selbst auch nicht. Er saß da über der Aufgabe, die er sich ausgesucht hatte, und summte vor sich hin. Er hatte eine Strickliesel geschenkt bekommen, so eine hölzerne Spule, auf deren Kopfende kleine

Nägel steckten, und um die herum schlang er mit einer auseinandergebogenen Haarnadel helle Wollfäden; er arbeitete schneller als der Blick, bis eine lange wollene Röhre durch das Loch unten in der Spule kam. Die Nachbarinnen fädelten ihm dicke, stumpfe Nadeln ein, und er legte die Wollröhrchen aneinander und nähte sie zu Matten zusammen. Big Lannie sagte, sie wären wunderschön, und Raymond war stolz, wenn sie ihm erzählte, wie gut sie sie verkaufte. Es kam sie hart an, nachts, wenn er schlief, die Matten wieder aufzuribbeln und die Wolle zu waschen und so glatt zu ziehen, daß nicht einmal Raymonds scharfsinnige Finger am nächsten Tag, wenn er wieder damit arbeitete, merkten, daß sie nicht neu war.

Angst tobte jetzt in Big Lannie und stahl ihr die Tage und Nächte. Sie konnte zu keiner Wohlfahrtsstelle gehen, aus Furcht, man nähme ihr Raymond weg und steckte ihn in eine – sie sprach das Wort vor sich selbst nie aus, und sie und die Nachbarinnen dämpften immer die Stimmen, wenn sie es untereinander doch aussprachen – in eine Einrichtung. Die Nachbarinnen woben Geschichten, die lange im Gedächtnis haften blieben, über das, was einem so zustieß in gewissen sauberen, ordentlichen Häusern in den Klinkervierteln vor der Stadt, und wenn sie dort einmal in die Nähe mußten, dann hatten sie es sehr eilig, als müßten sie an einem Friedhof vorbei, und kehrten wie Helden zurück. Wenn die einen da reinkriegten, so flüsterten die Nachbarinnen, dann legten sie einem die Wirbelsäule mit der Peitsche frei, und wenn man umfiel, traten sie einem den Kopf ein. Wäre irgendjemand in Big Lannies Zimmer gekommen und hätte Raymond für ein Blindenheim abholen wollen, die Nachbarinnen hätten mit Steinen und Stangen und brühendem Wasser um ihn gekämpft.

Raymond wußte von all dem nichts, er kannte nur Gutes. Als er groß genug war, um allein die Treppe hinunter und auf die Straße zu gehen, war er sicher, jeder Tag würde die reine Freude. Er trug den Kopf hoch, wenn er in den kleinen Hof vor dem baufälligen Holzhaus kam, und drehte gemächlich sein Gesicht hin und her, als wäre die Luft eine milde Flüssigkeit und er badete es darin. Karren und Lieferwagen fuhren nicht durch die Straße, denn sie endete in einer Abfallhalde aus verrosteten Bettgestellen und kaputten Heizkesseln und durchlöcherten Kochtöpfen; die Kinder spielten auf dem Pflaster, und Männer und Frauen saßen in offenen Fenstern und unterhielten sich über die Straße hinweg mit fröhlichen, prachtvollen Stimmen. Immer bekam Raymond Lachen zu hören, und immer lachte er zurück und streckte die Hände danach aus.

Anfangs unterbrachen die Kinder ihr Spiel, wenn er nach draußen kam, und scharten sich leise um ihn und beobachteten ihn fasziniert. Sie hatten von seiner Benachteiligung erzählt bekommen, und sie empfanden eine Art widerwilliges Mitleid mit ihm. Manche sprachen ihn an, in sanften, behutsamen Tönen. Raymond lachte vor Vergnügen und streckte seine Hände, seine seltsamen weichen, flachen Blindenhände, nach ihren Stimmen aus. Die Kinder zuckten sofort zurück, aus Angst, diese komischen Hände könnten sie berühren. Dann schämten sie sich, weil sie vor ihm zurückgewichen waren und er gar nicht sehen konnte, daß sie so etwas getan hatten, und sagten ihm freundlich auf Wiedersehen und gingen zurück auf die Straße, von wo aus sie ihn fest im Auge behielten.

Wenn sie wieder weg waren, begann Raymond seinen Spaziergang bis ans Ende der Straße. Er führte sich selbst, indem er an den kaputten Zäunen auf dem schmutzigen Bürgersteig entlangfuhr, und summte beim Gehen kleine Lieder, die keine Worte hatten. Ein paar von den Männern und Frauen in den Fenstern riefen ihm ein »Hallo« zu, und er grüßte zurück und winkte und lächelte. Wenn die Kinder ihn längst vergessen hatten und wieder bei ihren Spielen lachten, blieb er stehen und drehte sich um zu den Klängen, als wären sie die Sonne.

Abends erzählte er Big Lannie von seinem Spaziergang, dabei schlug er sich auf die Knie und gluckste vor Vergnügen bei der Erinnerung an das Lachen, das er gehört hatte. Wenn das Wetter zu ungemütlich war und er nicht auf die Straße durfte, saß er über seiner Strickliesel und erzählte den ganzen Tag, wie er am nächsten Tag wieder ausgehen würde.

Die Nachbarinnen taten, was sie konnten, für Raymond und Big Lannie. Sie schenkten ihm Kleider, die ihre eigenen Kinder noch nicht aufgetragen hatten, und brachten zum Essen, was sie erübrigen konnten und mehr. Big Lannie kam gerade so über die Woche und betete, daß sie auch über die nächste kommen möge; und so gingen die Monate dahin. Dann gerieten die Tage, an denen sie Arbeit fand, weiter und weiter auseinander, aber sie konnte nicht beten, ihre Zeit möge kommen, denn daran auch nur zu denken durfte sie nicht wagen.

Es war Mrs. Ewing, die Raymond und Big Lannie das Leben rettete und möglich machte, daß sie beieinander blieben. Big Lannie erzählte das damals und blieb auch dabei; jeden Tag pries sie Mrs. Ewing, und sie hätte auch jeden Abend für sie gebetet, wenn sie nicht irgendwie vage gewußt hätte, daß jede Fürbitte für Mrs. Delabarre Ewing dreiste Anmaßung war.

Mrs. Ewing war nämlich eine Persönlichkeit in der Stadt. Fuhr sie auf Besuch nach Richmond oder kam zurück von einer Besichtigung der Azaleengärten in Charleston, dann stand das immer in der Zeitung. Sie kam ihren edlen Verpflichtungen mit strengem Gewissen nach; sie spielte die Hauptrolle im Wohltätigkeitsausschuß und *sie* plante und organisierte das alljährliche Bridge-Turnier, um Geld zu sammeln für Salbeibeete rund um die Kanone vor dem Hauptquartier ihres Traditionsvereins, der *Daughters of the American Revolution*. Das und vieles mehr waren ihre öffentlichen Aktivitäten, und in ihrem Privatleben stellte sie keine geringeren Ansprüche an sich. Sie führte ein zwar kinderloses, aber mustergültiges Haus für ihren Mann und sich und überließ auch die Überwachung von Einzelheiten keinem der Haushaltsdragoner, und mochten sie noch so vertrauenswürdig sein.

Früher, bevor Raymond geboren war, hatte Big Lannie für Mrs. Ewing gewaschen. Seit jenen Tagen hatten viele Wechsel an den Ewingschen Waschzubern stattgefunden, aber keiner zum Besseren. Mrs. Ewing nahm Big Lannie tatsächlich wieder in Dienst. Sie entschuldigte sich für diesen Schritt bei ihren Freundinnen in der stets gewinnenden Form der Selbstbezichtigung. Sie wußte ja, sie war dumm, sagte sie, nach all der Zeit, nach allem, was Big Lannie mit ihr gemacht habe. Und trotzdem, sagte sie – und lachte kurz über ihre Eigenheiten –, zu ihr konnte eben jeder kommen, der ihr leid tat, sagte sie. Sie wußte, es war schrecklich töricht, aber so, sagte sie, sei sie nun mal. Mr. Ewing, das sagte sie hinter seinem Rücken, nannte sie ja auch immer eine richtige kleine alte Schwester Einfalt.

Big Lannie fand keine Worte, um Mrs. Ewing zu danken und ihr zu sagen, was zwei Tage fest angestellt jede Woche bedeuteten. Jedenfalls ziemlich fest angestellt. Big Lannie war, wie Mrs. Ewing ihr vorhielt, natürlich nicht jünger geworden, und behäbig war sie immer schon gewesen. Mrs. Ewing hielt sie in einem Zustand anstachelnder Unsicherheit, indem sie gelegentlich, und das entsprach der Wahrheit, auf die vielen kräftigeren und flinkeren Frauen anspielte, die auch Arbeit brauchten.

Zwei Tage Arbeit in der Woche hieß Geld für die Miete und Holz für den Ofen und fast genug Essen für Raymond und Big Lannie. Alles übrige hing ab von jeder kleinen Extra-Arbeit, die sie fand, und sie durfte die Suche nicht aufgeben. Getrieben von Angst und Dankbarkeit, arbeitete sie so gut für Mrs. Ewing, daß manchmal sogar Befriedigung darüber laut wurde, wie gepflegt Bett- und Tischwäsche sowie die Garderobe der Dame und ihres Gatten waren. Letzteren bekam Big Lannie nur gelegentlich zu Gesicht, wenn er aus dem Haus ging und sie kam oder wenn er es betrat und sie ging. Er war nur eine halbe Portion, kaum größer als Raymond.

Raymond wuchs so schnell, daß es jeden Morgen so aussah, als wäre er schon wieder größer geworden. Jeden Tag freute er sich auf seinen Spaziergang die Straße entlang, auf dem er seine Erfahrungen machen und von dem er Big Lannie abends erzählen konnte. Er war jetzt nicht mehr die Sehenswürdigkeit der ganzen Straße; die

Kinder hatten sich so an ihn gewöhnt, daß sie nicht einmal mehr nach ihm sahen, und die Männer und Frauen in den Fenstern nahmen nicht mehr genug Notiz von ihm, um ihm Grüße zuzurufen. Aber er wußte das nicht. Er winkte auch weiter auf jeden fröhlichen Ruf, den er hörte, und ging seiner Wege und sang seine Liedchen und drehte sich um nach dem Klang des Lachens.

Dann war die wunderbare Reihe von Tagen so plötzlich zu Ende, als hätte sie jemand von einem schönen Kalender abgerissen. Ein Winter kam, so schnell und so grimmig, daß er mit nichts, woran sich die Stadt erinnern konnte, zu vergleichen war, und Raymond hatte nichts zum Anziehen für draußen. Big Lannie flickte ihm die Sachen, aus denen er herausgewachsen war, so lange sie konnte, aber der Stoff war so mürbe, daß er immer, wenn sie die ausgefransten Risse nähen wollte, gleich daneben wieder riß.

Die Nachbarinnen hatten auch nichts mehr zu verschenken; alles, was sie hatten, mußten sie für sich behalten. Ein geisteskranker farbiger Mann im Nachbarort hatte die Frau umgebracht, bei der er arbeitete, und Angst und Schrecken breiteten sich aus wie Steppenbrand. Es entstand eine Art Panik vor Vergeltung; farbige Angestellte wurden entlassen und bekamen keine neue Arbeit. Mrs. Ewing aber, die ein – zugegeben – töricht, ja vielleicht gefährlich weiches Herz hatte, behielt ihre schwarze Wäscherin. Big Lannie hatte mehr Grund denn je, sie einen Segen zu nennen.

Den ganzen Winter lang blieb Raymond im Haus. Er saß über seiner Strickliesel, mit Big Lannies alter Strickjacke um die Schultern und, als die Fetzen seiner Knikkerbocker ganz auseinandergefallen waren, einem Kattunrock von ihr um die Hüften. Er lebte, in seinem Alter schon, in der Vergangenheit; in jenen Tagen, an denen er spazierengegangen war, stolz und glücklich, auf der Straße, mit dem Lachen im Ohr. Noch wenn er davon erzählte, mußte er immer das Lachen mit Lachen erwidern.

Seit er sich erinnern konnte, hatte er nicht nach draußen gedurft, wenn Big Lannie das Wetter nicht gut genug fand. Das hatte er, ohne zu fragen, akzeptiert, und genauso akzeptierte er seinen Arrest jetzt, während der schlimmen Wochen des Winters. Aber dann, eines Tages, war Frühling, so deutlich, daß er es sogar in den verräucherten, stinkenden Räumen des Hauses spürte, und er schrie vor Freude auf, weil er bald wieder auf der Straße spazierengehen durfte. Big Lannie mußte ihm klarmachen, daß seine Lumpen zu dünn waren, um ihn zu schützen, und daß es für sie gerade nichts extra zu arbeiten gab und also auch keine Kleider und Schuhe für ihn.

Raymond sprach nie wieder über die Straße, und seine Finger wurden langsam über der Strickliesel.

Big Lannie tat etwas, das sie nie zuvor getan hatte; sie bettelte ihre Arbeitgeberin an. Sie bat Mrs. Ewing, ihr ein paar von Mr. Ewings alten Sachen für Raymond zu schenken. Sie sah dabei zu Boden und verschluckte die Wörter, so daß Mrs. Ewing sie bitten mußte, laut und nach oben zu sprechen. Als Mrs. Ewing begriff, sagte sie, sie sei überrascht. Sie bekomme, sagte sie, sehr, sehr viele Bitten um milde Gaben, und sie habe eigentlich gedacht, daß Big Lannie, gerade sie, genau wisse, daß sie alles tue, was sie könne, und weiß Gott auch eine Menge mehr. Sie sprach vom kleinen Finger und von der ganzen Hand. Sie sagte, falls sie doch noch etwas finde, was sie erübrigen könne, solle Big Lannie aber gefälligst immer daran denken, daß dies das einzige Mal sei.

Als Big Lannie nach ihrem Tagewerk abends nach Hause gehen wollte, brachte Mrs. Ewing ihr eigenhändig ein Paket. Das waren, sagte sie, ein Anzug und ein Paar Schuhe; schöne, großartige Sachen, die Leute würden sie schlankweg für verrückt halten, daß sie die einfach so weggebe. Sie wußte auch überhaupt nicht, was Mr. Ewing ihr erzählen würde, weil sie so verrückt war. Sie erklärte, aber so sei sie nun mal, wenn irgendjemand auf sie zukomme, und die ganze Zeit versuchte Big Lannie, ihr zu danken.

Big Lannie hatte Raymond nie so erlebt wie jetzt, als sie ihm das Paket nach Hause brachte. Er sprang hoch und tanzte und klatschte in die Hände, er wollte etwas sagen, aber er quietschte nur, er riß selbst das Papier auf und fuhr mit seinen Fingern über den dicken, festen Stoff und hielt ihn sich ans Gesicht und küßte ihn. Er zog die Schuhe an und klapperte darin herum und schaufelte dabei mit Zehen und Fersen, damit sie nicht abfielen; Big Lannie mußte ihm gleich die Hose an der Hüfte abstekken und die Beine bis über die Waden hochkrempeln. Er plapperte von morgen, wenn er wieder auf der Straße spazierengehen würde, und bekam vor lauter Lachen seine Worte nicht heraus.

Big Lannie mußte am nächsten Tag für Mrs. Ewing arbeiten gehen, und eigentlich hatte sie Raymond bitten wollen, noch zu warten, bis sie selbst zu Hause bleiben und ihm die neuen Sachen anziehen konnte. Aber sie hörte ihn wieder lachen; sie konnte ihm doch nicht sagen, er sollte noch warten. Er dürfte aber erst um zwölf am nächsten Tag nach draußen, sagte sie, wenn die Sonne so warm war, daß er sich beim ersten Mal außer Haus nicht erkältete; eine Nachbarin von gegenüber würde ihm in die Sachen helfen. Raymond gluckste vor Vergnügen und sang seine Liedchen, bis er einschlief.

Als Big Lannie morgens gegangen war, kam die Nachbarin und brachte Raymond eine Pfanne mit kaltem Schweinefleisch und Maisbrot fürs Mittagessen. Sie hatte plötzlich noch einen halben Tag Arbeit bekommen und konnte nicht bleiben und aufpassen, wenn er zu seinem Spaziergang aufbrach. Sie half ihm aber in die Hose und steckte sie ihm zu und krempelte sie ihm hoch, und sie schnürte ihm auch die Schuhe so fest zu, daß er sie an den Füßen behalten würde. Dann sagte sie ihm noch, er sollte aber nicht nach draußen gehen, bevor er die Mittagssirenen hörte, und küßte ihn und ging.

Raymond war viel zu glücklich, um ungeduldig zu sein. Er saß da und dachte an die Straße und lächelte und sang. Und erst als er die Sirenen hörte, ging er an die Schublade, in die Big Lannie das Jackett gelegt hatte, und nahm es heraus und zog es an. Er spürte es weich auf seinem nackten Rücken, er schlenkerte mit den Schultern, damit es warm und locker von ihnen herunterfiel. Als er die Ärmel über seinen dünnen Ärmchen aufkrempelte, schlug sein Herz so heftig, daß der Stoff an zu flattern fing.

Die Treppe war schwer zu bewältigen mit den großen Schuhen, aber sogar das langsame Hinuntergehen war für Raymond ein Genuß. Seine Vorfreude war wie Honig im Mund.

Dann kam er nach draußen in den Hof und drehte sein

Gesicht in der linden Luft. Es war alles wieder gut; er hatte alles wieder. So schnell er konnte, ging er zum Bürgersteig und stapfte voran, geführt von seiner Hand am Zaun. Er konnte es gar nicht erwarten; er rief, um die fröhlichen Rufe zurück zu hören, er lachte, damit Lachen ihm Antwort gab.

Er hörte es. Er war so selig, daß er seine Hand vom Zaun nahm und sich umdrehte und die Arme ausstreckte und sein lächelndes Gesicht in die Höhe reckte, um es willkommen zu heißen. Er stand da, und dann erstarb das Lächeln auf seinem Gesicht, und die Willkommensarme wurden steif und zitterten.

Es war nicht das Lachen, das er gekannt hatte; es war nicht das Lachen, von dem er gelebt hatte. Es war wie große Dreschflegel, die ihn plattschmetterten, große Zinken, die ihm das Fleisch von den Knochen rissen. Es kam auf ihn zu, um ihn zu töten. Es wich heimtückisch zurück, und dann krachte es gegen ihn. Es wirbelte um ihn herum und über ihn hinweg, und er bekam keine Luft. Er schrie und wollte durch es durch wegrennen und fiel hin, und es züngelte über ihm und heulte immer schriller. Die Kleider rutschten ihm auf, und die Schuhe schlackerten ihm an den Füßen. Jedesmal wenn er sich hochgerappelt hatte, fiel er wieder hin. Es war, als stände die Straße lotrecht vor ihm, als spränge das Gelächter ihm in den Rücken. Er fand den Zaun nicht wieder, er wußte die Richtung nicht mehr. Er lag schreiend auf der Erde, in Blut und Dreck und Finsternis.

Als Big Lannie nach Hause kam, fand sie ihn in einer Zimmerecke auf dem Boden, stöhnend und wimmernd. Er hatte die neuen Sachen noch an, in Fetzen und zerrissen und verdreckt, und Blutkrusten klebten ihm an

Mund und Händen. Ihr Herz hatte vor Schreck einen Sprung getan, als Raymond nicht schon auf ihre Schritte hin die Tür aufgemacht hatte, und als sie ihn fragen wollte, was ihm zugestoßen war, schrie sie so gellend auf, daß er Angst bekam und wild zu schluchzen anfing. Sie verstand nicht, was er erzählte; es war irgendetwas über die Straße und ihn ausgelacht und sie sollen weg und er will nie wieder auf die Straße dürfen, nie mehr wieder auf die Straße. Sie versuchte gar nicht erst, ihn nach einer Erklärung zu fragen. Sie nahm ihn in ihre Arme und wiegte ihn und erzählte ihm, immer und immer wieder, ist doch gar nicht so schlimm und gar nicht drum kümmern und alles ist gut. Weder er noch sie glaubten, was sie sagte.

Aber ihre Stimme war weich und ihre Arme warm. Auch Raymonds Schluchzen wurde weicher, und schließlich zitterte es davon. Sie hielt ihn fest und wiegte ihn, schweigend und rhythmisch und sehr lange. Dann stellte sie ihn sanft auf die Füße und befreite seine Schultern von Mr. Ewings altem Sonntagsjackett.

Keines Menschen Auge noch das einer wilden Bestie im Käfig noch das eines trauten Haustiers hatte Mrs. Lanier je zu sehen bekommen, wenn sie nicht wehmütig war. Sie war der Wehmut ergeben wie unbedeutendere Künstler den Worten, der Farbe, dem Marmor. Mrs. Lanier war keine von diesen unbedeutenderen; sie war eine von den wahren. Das gewiß ewiggültige Beispiel für den wahren Künstler ist jener Schauspieler bei Dikkens, der sich von oben bis unten schwarz anmalte, um den Othello zu spielen. Und man darf annehmen, daß Mrs. Lanier noch in ihrem Badezimmer wehmütig war und daß sie in weicher Wehmut durch die dunkle, geheimnisvolle Nacht schlummerte.

Falls dem Porträt, das Sir James Weir von ihr schuf, nichts zustößt, wird sie so dastehen, wehmütig über die Jahrhunderte hinweg. Er hat sie in voller Lebensgröße dargestellt, in lauter Gelbtönen, mit den zierlich aufgetürmten Locken, den schmalen, geschwungenen Füßen wie elegante Bananen, der glänzenden Fläche ihrer Abendrobe; Mrs. Lanier trug eigentlich am Abend immer Weiß, aber Weiß ist beim Malen eine höllisch heikle Sache, und kann man von einem Mann erwarten, daß er seine gesamten sechs Wochen in den Vereinigten Staaten nur auf die Ausführung eines einzigen Auftrags verwendet? Wehmut ruht, unsterblich, in den dunklen Augen mit der traurigen Hoffnung, auf dem flehenden Mund, auf dem gesenkten kleinen Kopf über dem lieblichen langen Nacken, der gebeugt ist, als gebe er den drei

Reihen Lanierscher Perlen nach. Zwar äußerte ein Kritiker, als das Porträt ausgestellt wurde, in einer Zeitung die erstaunte Frage, weshalb eine Frau, die solche Perlen besaß, eigentlich Wehmut empfinden könnte; aber das kam zweifellos nur daher, daß er seine kleine Krämerseele für ein paar Groschen an den Besitzer der Konkurrenzgalerie verkauft hatte. Feststeht, daß niemand in Hinsicht Perlen Sir James das Wasser reichen konnte. Jede einzelne ist so deutlich und so individuell gestaltet wie das Gesicht jedes einzelnen Soldaten in einer Schlachtszene von Meissonier.

Eine Zeitlang trug Mrs. Lanier aus der Verpflichtung des Modells, dem Porträt gleichzusehen, an den Abenden Gelb. Sie hatte Roben aus Samt weich wie flüssige Sahne vom Land, und aus Satin, gelackt wie Butterblumen, und Chiffon, der sie umspielte wie goldene Dunstspiralen. Sie trug sie und hörte in scheuer Überraschung die Vergleiche mit gelben Narzissen und Schmetterlingen in der Sonne an; aber sie wußte Bescheid.

»Das bin einfach nicht ich«, seufzte sie schließlich und kehrte wieder zurück zu ihren lilienweißen Gewändern. Picasso hatte seine blaue Periode und Mrs. Lanier ihre gelbe. Sie wußten beide, wann man aufhören muß.

Nachmittags trug Mrs. Lanier dünnes, duftiges Schwarz, dazu die großartigen Perlen, die auf ihrer Brust weinten. Was sie am Morgen trug, das hätte nur Gwennie wissen können, die Zofe, die ihr das Frühstückstablett brachte; aber es muß selbstverständlich erlesen gewesen sein. Mr. Lanier – denn gewiß gab es einen Mr. Lanier; man hatte ihn sogar gesehen – schlich sich hinter ihrer Tür in sein Büro davon, und die Bediensteten schwebten und hauchten, damit Mrs. Lanier die strahlende neue Grausamkeit des Tages solange wie möglich erspart blieb. Erst wenn auf den Mittag die freundlicheren Stunden mit den kleineren Zahlen folgten, vermochte sie sich aufzuraffen und den stets wiederkehrenden Sorgen des Lebens ins Auge zu sehen.

Es gab fast jeden Tag Pflichten zu erfüllen, und Mrs. Lanier nahm dafür all ihren Mut zusammen. Sie mußte gleich in ihre Stadtlimousine steigen und neue Garderobe auswählen und die in Auftrag gegebenen Kleider anprobieren, bis sie ihrer eigenenen Vollkommenheit entsprachen. Gewänder wie die ihren ereigneten sich nicht einfach; sie erforderten, wie große Dichtung, hartes Ringen. Aber Mrs. Lanier ließ den Schutz ihres Hauses nur mit Grauen hinter sich, denn draußen waren überall so viele Unschöne und Traurige, die ihren Augen und ihrem Herzen zusetzten. Oft stand sie minutenlang verschüchtert vor dem Barockspiegel im Flur, bevor sie ihren Kopf aufzurichten vermochte, um tapfer hinauszuschreiten.

Für die Zartbesaiteten gibt es keinen Schutz, ganz gleich, wie gerade ihr Weg, wie unschuldig ihr Ziel. Manchmal stand sogar vor dem Schneider oder dem Kürschner oder dem Lingerie-Lädchen oder dem Putzmacher der Mrs. Lanier ein Spalier von dünnen Mädchen und abgerissenen kleinen Männern, die Plakate in den kalten Händen hielten und in gemessenen, langsamen Schritten auf und ab gingen, auf und ab. Ihre Gesichter waren blau und rauh vom Wind und leer von dem eintönigen Dasein in der Tretmühle. Sie sahen so klein und arm und mitgenommen aus, daß Mrs. Lanier sich vor Erbarmen die Hände aufs Herz schlug. Ihre Augen glänzten vor lauter Mitleid, und ihre lieblichen Lippen taten sich auf, als wollten sie etwas Aufmunterndes flüstern, während sie durch das schleppende Spalier ins Geschäft schritt.

Oft saßen Bleistiftverkäufer im Weg, so ein halbes Geschöpf auf einem Brett mit Rollen, das sich mit den Händen den Bürgersteig entlangschubste, oder ein Blinder, der hinter einem schwankenden Krückstock herschlurfte. Mrs. Lanier mußte stehenbleiben und auch schwanken, mit geschlossenen Augen, eine Hand am Hals, als Stütze für ihren schönen, erschütterten Kopf. Dann konnte man sehen, wie sie sich einen regelrechten Ruck gab, konnte sehen, wie die Anstrengung ihren Körper durchrieselte, als sie die Augen wieder aufschlug und diesen Elenden, blinden und sehenden gleichermaßen, ein Lächeln von solcher Zärtlichkeit, solch besorgtem Verständnis schenkte, daß es einem vorkam wie der erlesene, schwermütige Duft von Hyazinthen in der Luft. Manchmal, wenn so ein Mann nicht gar zu gräßlich aussah, kam es sogar vor, daß sie eine Münze aus ihrer Börse fischte, ihren schmalen Arm ausstreckte, wobei sie die Münze so zierlich hielt, als hätte sie sie von einem silbernen Stamm gepflückt, und sie in seinen Becher fallen ließ. War er noch jung und neu in diesem Leben, dann bot er ihr Bleistifte im Gegenwert an; aber Mrs. Lanier wollte kein Entgelt. Auf sanfteste, zartfühlendste Weise huschte sie davon und ließ ihn dort sitzend, sein schäbiges Warenangebot unangetastet, zurück, aber er war nun nicht mehr ein Arbeiter um seinen Lebensunterhalt wie Millionen andere, sondern abgesetzt von ihnen und auserlesen, umgeben vom Duft der Wohltätigkeit.

So war es, wenn Mrs. Lanier aus dem Haus ging. Überall sah sie sie, die Zerlumpten, die Mühseligen, die

Verzweifelten, und jedem einzelnen schenkte sie ihren Blick, der beredt war auch ohne Worte.

»Nur Mut«, sagte er. »Und Sie – oh, wünschen Sie auch mir Mut!«

Oft war Mrs. Lanier, wenn sie endlich wieder nach Hause kam, so welk wie eine Fresie. Ihre Zofe Gwennie mußte sie dann beknien, daß sie sich hinlegte, damit sie wieder zu Kräften kam und ihr Kleid gegen ein duftigeres eintauschen und in ihren Salon hinuntergehen konnte, die Augen kummervoll verhangen, aber die edlen Brüste stolz aufgerichtet.

In ihrem Salon fand sie Zuflucht. Hier konnte ihr Herz genesen von den Schlägen der Zeit und wieder heil sein für die eigenen Sorgen. Dieser Raum schwebte über dem Leben, ein Ort von zarten Stoffen und blassen Farben, und nirgendwo eine Zeitung oder ein Buch, die vom Jammertal kündeten oder es gar beschrieben. Hinter der großen Fensterfläche schlängelte sich der Fluß und fuhren die stattlichen Schuten vorbei, beladen mit seltsamen Sachen in gobelinbunten Farben; und es gab keinen Grund, sich mit den Leuten gemein zu machen, die unbedingt erklären müssen, daß es Abfälle waren. Eine Insel mit einem glücklichen Namen lag gegenüber, und darauf standen in einer Reihe steife, solide Gebäude, naiv wie ein Gemälde von Rousseau. Manchmal konnte man auf der Insel die energischen Figuren von Krankenschwestern und Insassen beim Sport auf den Wiesen sehen. Möglich, daß hinter den vergitterten Fenstern in den Gebäuden erheblich weniger energische Figuren waren, aber danach hatte im Beisein von Mrs. Lanier niemand zu fragen. Alle, die in ihren Salon kamen, kamen nur zu einem Zweck: ihr Herz gegen Verletzung zu beschirmen.

Hier in ihrem Salon, im wunderbaren Blau des Spätnachmittags, saß Mrs. Lanier auf schillerndem Taft und war wehmütig. Und hierher in ihren Salon kamen junge Männer und versuchten ihr zu helfen, das Leben zu ertragen.

Die Besuche der jungen Männer vollzogen sich in einem Turnus. Sie kamen immer in Grüppchen zu dritt oder zu viert oder zu sechst, eine Zeitlang; und dann war einer dabei, der noch ein bißchen blieb, wenn die anderen schon gegangen waren, der bald darauf ein bißchen früher kam als die anderen. Dann folgten die Tage, an denen Mrs. Lanier für die anderen jungen Männer nicht mehr zu Hause war und der eine junge Mann in dem wunderschönen Blau mit ihr allein verweilte. Und dann war Mrs. Lanier auch für den einen jungen Mann nicht mehr zu Hause, und Gwennie mußte ihm am Telefon erzählen, wieder und wieder, daß Mrs. Lanier ausgegangen war, daß Mrs. Lanier krank sei, Mrs. Lanier nicht gestört werden durfte. Wieder kamen junge Männer in Grüppchen; jener junge Mann war nicht dabei. Aber dabei war unter ihnen ein neuer junger Mann, der bald darauf ein bißchen länger blieb und ein bißchen früher kam, der zuguterletzt wieder Gwennie am Telefon in den Ohren lag.

Gwennie – ihre verwitwete Mutter hatte sie Gwendola genannt und war dann, als hätte sie gemerkt, daß sich kein anderer Traum je erfüllen würde, gestorben – war klein und kräftig und unauffällig. Sie war auf einer Farm oben im Staat New York aufgezogen worden, von einem Onkel und einer Tante, die hart wie die Scholle ums Dasein kämpften. Nachdem auch sie gestorben waren, hatte sie nirgendwo mehr Verwandte. Sie kam nach New York, weil sie gehört hatte, es gäbe dort Arbeit; sie kam just zu der Zeit an, als Mrs. Laniers Köchin eine Küchenhilfe brauchte. Und so hatte Mrs. Lanier in ihrem eigenen Haus ihren Schatz gefunden.

Gwennies harte kleine Bauernmädchenfinger konnten unsichtbare Stiche nähen, konnten ein Plätteisen schwingen, als wäre es ein Zauberstab, konnten wie eine Sommerbrise durch Mrs. Laniers Garderobe und Haare fahren. Sie war so eifrig, wie der Tag lang war; und ihre Tage dauerten häufig von Tagesanbruch bis Tagesanbruch. Sie war niemals müde, sie war niemals betrübt, sie war guter Dinge, ohne Aufhebens davon zu machen. An ihrer Anwesenheit oder ihrem Anblick war nichts, was ans Herz gerührt und ihm Unbehagen verursacht hätte.

Mrs. Lanier sagte oft, daß sie gar nicht wüßte, wie sie ohne ihre kleine Gwennie auskommen würde; sollte ihre kleine Gwennie sie je verlassen, sagte sie, dann wüßte sie einfach nicht mehr weiter. Sie sah so verloren und zerbrechlich aus, wenn sie das sagte, daß man dann Gwennie ihre Anlage zum Heiraten oder Sterben richtig übel nahm. Doch es gab keinen zwingenden Grund zur Sorge, denn Gwennie war stark wie ein Pony und hatte keinen Verehrer. Sie hatte mit überhaupt niemandem Freundschaft geschlossen und schien das auch nicht als Versäumnis zu empfinden. Ihr Leben gehörte Mrs. Lanier; wie alle anderen, die in Mrs. Laniers Nähe kommen durften, war auch Gwennie bestrebt, alles zu tun, um sie vor Schmerz zu bewahren.

Alle konnten zwar etwas dafür tun, daß jede Erinnerung an die Trauer überall in der Welt ausgesperrt blieb, aber mit Mrs. Laniers privatem Kummer ließ sich die Sache schwieriger an. In ihrem Herzen wohnte eine so tiefe, so geheime Sehnsucht, daß oft Tage vergingen, bevor sie, im Dämmerlicht, einem neuen jungen Mann gegenüber, wieder darüber sprechen konnte.

»Wenn ich doch nur ein kleines Baby hätte«, seufzte sie dann, »ein kleines, kleines Baby, ich glaube, dann wäre ich fast glücklich.« Und sie schlang ihre zarten Arme untereinander und schaukelte sie langsam und sacht, so als wiegte sie das kleine Wesen ihrer innigen Träume. Dann war sie, verhinderte Madonna, am allerwehmütigsten, und der junge Mann hätte Leben oder Tod für sie hingegeben, je nach ihrem Geheiß.

Mrs. Lanier erwähnte niemals, warum ihr Wunsch unerfüllt geblieben war; der junge Mann wußte jeweils genau, sie war viel zu lieb, um jemanden zu beschuldigen, viel zu stolz, um es zu verraten. Aber jetzt, so nahe bei ihr im bleichen Licht, jetzt verstand er, und sein Blut geriet in Wallung vor Zorn, daß ein solcher Tölpel wie Mr. Lanier nie von jemandem kaltgemacht wurde. Er flehte Mrs. Lanier an, sie möge ihm gestatten, sie der Hölle des Lebens zu entreißen und sie fast glücklich zu machen. Jedesmal danach war Mrs. Lanier dann für den jungen Mann gerade ausgegangen oder krank oder durfte keinesfalls gestört werden.

Gwennie betrat den Salon nie, wenn nur ein einziger junger Mann da war; aber wenn die Grüppchen wiederkamen, war sie wieder unaufdringlich zu Diensten, zog einen Vorhang zurecht oder brachte ein frisches Glas. Das gesamte Personal im Hause Lanier war unaufdringlich, ging leise und hatte die richtigen Gesichter ohne besondere Merkmale. Wenn einmal Änderungen bei der

Besetzung vorgenommen werden mußten, kümmerten sich Gwennie und die Haushälterin um Ersatz und verloren vor Mrs. Lanier kein Wort darüber, damit sie nicht von Verlassenheitsgefühlen oder Trauer angefaßt wurde durch leidvolle Geschichten. Die neuen Dienstboten sahen in ihrer Unauffälligkeit immer aus wie die alten. Das heißt, so war es, bis Kane kam, der neue Chauffeur.

Der alte Chauffeur war ersetzt worden, weil er schon zu lange der alte Chauffeur gewesen war. Es lastet grausam schwer auf dem zartfühlenden Herzen, wenn ein vertrautes Gesicht faltig und trocken wird, wenn vertraute Schultern täglich tiefer nach unten zu sacken scheinen und ein vertrauter Nacken zwischen den Muskelsträngen hohl wird. Der alte Chauffeur sah und hörte und arbeitete wie immer; aber mitansehen zu müssen, wie er allmählich verfiel, das war zuviel für Mrs. Lanier. Mit schmerzvoller Stimme hatte sie Gwennie mitgeteilt, daß sie seinen Anblick nicht mehr ertragen konnte. So war der alte Chauffeur gegangen und Kane gekommen.

Kane war jung, in seinen geraden Schultern und seinem festen, breiten Nacken lag nichts Deprimierendes für jemanden, der in der Stadtlimousine dahinter saß. Er stand da wie ein Triangel in seiner maßgeschneiderten Livree, hielt den Wagenschlag für Mrs. Lanier auf und machte eine Verbeugung, wenn sie an ihm vorbeischritt. Aber wenn er nicht im Dienst war, trug er den Kopf gockelhaft hoch, und ein feines, gockelhaftes Lächeln lag auf seinem roten Mund.

Oft wenn Kane in der Kälte draußen im Wagen auf Mrs. Lanier wartete, sagte sie mitfühlend zu Gwennie, sie sollte ihn doch ins Dienstbotenzimmer bitten. Gwennie brachte ihm dann Kaffee und sah ihn an. Zweimal überhörte sie Mrs. Laniers elektrische Emailklingel.

Gwennie fing jetzt an, ihre freien Abende einzuhalten; vorher hatte sie darauf verzichtet und war dageblieben und Mrs. Lanier zur Hand gegangen. Aber eines Abends war Mrs. Lanier nach einer Theatervorstellung und einer langen Unterhaltung im Flüsterton in ihrem Salon spät in ihr Zimmer gerauscht gekommen. Und Gwennie hatte nicht bereitgestanden, um ihr die weiße Robe auszuziehen und die Perlen wegzuschließen und das leuchtend-helle Haar zu bürsten, das gelockt war wie Blütenblätter von Forsythien. Gwennie war noch nicht wieder zurück gewesen von ihrem freien Abend. Mrs. Lanier hatte ein Stubenmädchen wecken und deren unbefriedigenden Beistand erlangen müssen.

Gwennie hatte am nächsten Morgen geweint beim Anblick des Leids aus Mrs. Laniers Augen; aber Tränen waren zu quälend für Mrs. Lanier, und die Zofe hatte sofort aufgehört. Mrs. Lanier hatte ihr zart den Arm getätschelt, und damit war die Sache erledigt gewesen, außer daß Mrs. Laniers Augen dank dieser neuerlichen Verletzung noch dunkler und größer waren.

Kane wurde zum richtigen Trost für Mrs. Lanier. Nach den traurigen Anblicken auf den Straßen tat es gut, zu sehen, wie Kane am Wagen stand, kernig und aufrecht und jung, und nichts auf der Welt war an ihm problematisch. Mrs. Lanier gewöhnte sich an, ihn fast dankbar anzulächeln, doch auch wehmütig, so als suchte sie in ihm das Geheimnis des Nichttraurigseins.

Und dann eines Tages erschien Kane nicht zum anberaumten Dienst. Der Wagen, der eigentlich bereit sein sollte, um Mrs. Lanier zu ihrem Schneider zu bringen, stand noch immer in der Garage, und Kane war dort den ganzen Tag nicht aufgetaucht. Mrs. Lanier hieß Gwennie sofort in seiner Unterkunft anrufen und nachforschen, was das zu bedeuten hatte. Und das Mädchen war vor ihr in Tränen ausgebrochen und hatte geschrien, sie hätte schon angerufen, immer und immer wieder, und er wäre nicht da und niemand wüßte, wo er war. Der Ausbruch war bestimmt darauf zurückzuführen, daß Gwennie den Kopf verloren hatte vor lauter Kummer über Mrs. Laniers Tageslauf, der so durcheinander geraten war; oder vielleicht war ihr auch die heftige Erkältung, die sie sich offenbar zugezogen hatte, auf die Stimme geschlagen, denn auch ihre Augen waren entzündet und rot und ihr Gesicht bleich und verschwollen.

Von Kane gab es keine Spur mehr. Er hatte am Tag vor seinem Verschwinden seinen Lohn abgeholt, und das war das letzte Zeichen von ihm gewesen. Er ward nie mehr gehört oder gar gesehen. Zuerst war Mrs. Lanier kaum fähig, an die Möglichkeit eines solchen Verrats überhaupt zu glauben. Ihr Herz, weich und süß wie eine vollendete *crème renversée,* bebte in ihrer Brust, und in ihren Augen lag der ferne Schimmer des Leidens.

»Oh, wie konnte er mir das antun?« fragte sie Gwennie fassungslos. »Wie konnte er mir Ärmster das antun?«

Kanes Treubruch kam nie zur Sprache; er war ein zu schmerzhaftes Thema. Wenn ein Besucher unachtsamerweise fragte, was denn aus diesem schmucken Chauffeur geworden war, so legte Mrs. Lanier die Hand über ihre geschlossenen Lider und schrak sachte zusammen. Der Besucher, der ungewollt ihren Kümmernissen Nahrung gegeben hatte, bekam selbstmörderische Anwandlungen und weihte sich erst recht hingebungsvoll ihrer Tröstung.

Gwennies Erkältung dauerte außergewöhnlich lange. Die Wochen vergingen, und immer noch waren Morgen für Morgen ihre Augen rot und ihr Gesicht weiß und aufgeplustert. Mrs. Lanier mußte oft wegsehen, wenn Gwennie ihr das Frühstückstablett auftrug.

Sie versorgte Mrs. Lanier wieder umsichtig wie eh und je; sie achtete nicht auf ihre freien Zeiten, sondern blieb zu Hause zu weiteren Diensten. Sie war immer schon still gewesen, aber jetzt wurde sie beinah stumm, und das war eine zusätzliche Linderung. Sie arbeitete ohne Unterlaß und schien richtig aufzublühen, denn abgesehen von den Auswirkungen dieser seltsamen Erkältung sah sie rund und gesund aus.

»Seht nur«, sagte Mrs. Lanier zärtlich neckend, wenn Gwennie das Grüppchen im Salon bediente, »seht nur, wie fett meine kleine Gwennie wird! Ist das nicht reizend?«

Die Wochen vergingen, und wieder vollzog sich ein Turnus mit jungen Männern. Es kam der Tag, an dem Mrs. Lanier für das Grüppchen nicht zu Hause war; an dem ein neuer junger Mann kommen und mit ihr allein sein würde, zum ersten Mal, in ihrem Salon. Mrs. Lanier saß vor ihrem Spiegel und tupfte sich Parfüm auf den Hals, während Gwennie ihre goldenen Locken auftürmte.

Das edle Gesicht, das Mrs. Lanier im Spiegel sah, zog ihre Aufmerksamkeit stärker an, und sie stellte das Parfüm ab und neigte sich ihm entgegen. Sie ließ den Kopf ein wenig zur Seite sinken und betrachtete das Gesicht aus der Nähe; sie sah, wie die wehmütigen Augen noch wehmütiger wurden, die Lippen sich zu einem flehenden

Lächeln verzogen. Sie schlang die Arme dicht vor ihrer lieblichen Brust untereinander und schaukelte sie sacht, als wiegten sie ein Traumkind. Sie beobachtete, wie die Arme im Spiegel sanft hin- und herschwangen, ließ sie ein wenig langsamer schwingen.

»Wenn ich doch nur ein kleines Baby hätte«, seufzte sie. Sie schüttelte den Kopf. Leise räusperte sie sich und seufzte wieder, diesmal ein wenig tiefer. »Wenn ich doch nur ein kleines, kleines Baby hätte, ich glaube, dann wäre ich fast glücklich.«

Ein Geklapper hinter ihr ließ sie sich erstaunt umdrehen. Gwennie hatte die Haarbürste auf den Boden fallen lassen und stand schwankend da, das Gesicht in den Händen.

»Gwennie!« sagte Mrs. Lanier. »Gwennie!«

Die Zofe nahm die Hände vom Gesicht und sah aus, als stände sie unter einem grünen Licht.

»Ich bitte um Entschuldigung«, japste sie. »Entschuldigung. Bitte, verzeihen Sie mir. Ich – oh, mir wird schlecht!«

Sie rannte so heftig aus dem Zimmer, daß der Fußboden bebte.

Mrs. Lanier saß da und sah ihr nach, die Hände auf ihrem wunden Herzen. Langsam drehte sie sich wieder zu ihrem Spiegel, und was sie dort sah, schlug sie in Bann; ein Künstler erkennt sein Meisterwerk. Und dies hier war die Vollendung ihrer Karriere, die vollkommen geläuterte Wehmut; dieser Ausdruck kummervoller Bestürzung hatte den Ausschlag gegeben. Sorgfältig bewahrte sie ihn im Gesicht, als sie sich vom Spiegel erhob und, die wunderbaren Hände noch immer wie ein Schild über dem Herzen, nach unten ging zu dem neuen jungen Mann.